Al padre Nacho Torres,
sacerdote y amigo firme y bueno.

Francisco Javier Bronchalo

REZAR COMO JESÚS NOS ENSEÑÓ

El padrenuestro desde
el final hasta el principio

© Francisco Javier Bronchalo, 2025
© Ediciones Nueva Eva, 2025

www.nuevaeva.es
martamoreno@nuevaeva.es

Revisión del texto: Marta Moreno Candel
Ilustración y diseño de cubierta: Irene Cantero
Diseño y maquetación: José S. Cantero
Imagen de portada: *The Lord's Prayer*, James Tissot
ISBN: 979-13-990917-2-4
Depósito Legal: M-24319-2025
Impresión: Campillo Nevado S.A.

Printed in Spain – Impreso en España

ÍNDICE

PRÓLOGO

Es para mí un honor escribir el prólogo de este quinto libro del padre Francisco Javier Bronchalo, pero todavía significa mucho más el haberle acompañado durante todos estos años en el apasionante camino de la escritura y la publicación. Y no lo digo tanto desde el punto de vista editorial, que también, como desde el de la evangelización, porque es increíble comprobar hasta dónde puede llegar un libro: hasta las profundidades más hondas del alma y hasta los lugares más recónditos del planeta.

Me admira comprobar la capacidad del padre Bronchalo para meterse en cualquier sitio donde pueda haber una persona con necesidad de ser escuchada y rescatada de sus propias heridas. Pienso que es necesario haber sufrido mucho para ser capaz de escuchar el clamor de los más débiles, que permanece oculto a los ojos del mundo porque solo se oye en el silencio. También es importante haber probado la medicina del perdón y la misericordia del Señor, y haber habitado en su Sagrado Corazón, para entender que no hay miseria humana que Dios no esté deseando perdonar.

La dedicación plena al servicio de Dios y de los hombres durante todos estos años de su vida sacerdotal, las muchas horas en el confesionario, el acompañamiento espiritual, el amor por las buenas lecturas y el profundo deseo de consolar y reparar el daño hecho a los inocentes son algunos de los retazos que configuran la personalidad de un sacerdote, de muchos de los sacerdotes, y de un modo particular, del padre Francisco Javier.

Pero reconozco que cuando me habló de escribir un libro sobre el padrenuestro la idea no me atrajo en absoluto, principalmente porque varios sacerdotes cercanos habían publicado ya libros sobre ese tema e incluso me habían ofrecido manuscritos para que los publicara yo. ¡De pronto me dio la sensación de que todos los sacerdotes querían escribir un libro sobre el padrenuestro! Pero el padre Bronchalo añadió algo más: el suyo era un libro diferente porque comenzaba por el final, y de ahí, petición a petición, llegaba hasta el principio. Era un camino de regreso a casa, desde el «líbranos del mal» hasta poder decir con el corazón «Padre nuestro».

En la introducción el lector comprenderá el porqué de este camino comenzando por la última parte, pero desde ahora puedo adelantar que es el mismo que tuvo que recorrer el hijo pródigo desde la pocilga, donde tenía que compartir las algarrobas con los cerdos, hasta que volvió a casa de su padre y fue recibido con los brazos abiertos.

Hoy también andamos metidos en pozos muy hondos en los que sufrimos intensamente, porque además de no ver la luz, tampoco vemos a Dios. Y es en las profundidades de esos abismos donde arranca este libro, implorando al Señor que nos libre de ese mal que nos esclaviza. Después, capítulo a capítulo va trazando el camino de salida y de redención, de perdón y de esperanza.

Este fue el motivo que me llevó a decirle al padre Francisco Javier que sí, que escribiera ese libro, que lo íbamos a publicar: la conciencia de que todos estamos necesitados de salvación, cada uno desde su pozo, más grande o más pequeño. Porque ¿quién no quiere saber qué tiene que hacer para acabar en brazos de su Padre?

Marta Moreno
Editora de Nueva Eva

INTRODUCCIÓN

Que el padrenuestro se puede meditar y rezar como un camino que comienza en la última petición y va ascendiendo hasta la primera tiene una explicación que me gustaría contar al lector.

Siendo seminarista, en cierta ocasión estaba en los ejercicios espirituales que hacíamos en septiembre, al inicio del nuevo curso, y que duraban una semana. Aquel año yo había llegado sumido en una crisis. Desde hacía unos meses la vida de sacerdote, que siempre me había parecido bonita y atractiva, aparecía ante mí como odiosa y repulsiva. Lo bello se había hecho feo. Cada día me ponía a llorar. Mantener el ritmo en el seminario se me hacía un mundo. Cuando veía a cualquier chica pensaba que mi camino era el de formar un buena familia. Cuando rezaba todo era muy árido. Sin embargo, si era honesto y miraba hacia atrás en mi historia, no había duda de que la llamada en el corazón a seguir a Cristo y ser sacerdote era real. Dios me pedía eso. «¿Por qué, Señor, si te estoy siguiendo, permites que sienta rechazo hacia lo que antes amaba? ¿Por qué esto se prolonga tanto?», le preguntaba. No entendía nada.

Ahora comprendo que Dios lo permitía para mi bien, porque me quiere y sabía que necesitaba aquella purificación para no idolatrar ni siquiera mi propia vocación. Dios me llamaba a un abandono radical. Pero en aquel momento yo me revelaba, hasta el punto de que no podía rezar bien el padrenuestro. Cuando llegaba a la tercera petición era incapaz de decir «hágase tu voluntad en la tierra como en el cielo». Y cuando lo rezábamos en comunidad en la liturgia me quedaba callado, bloqueado. Me desesperaba por mis pecados, no porque me doliesen más que otras veces, sino porque no tenía esperanza de que el Señor pudiese cambiar algo en mí cuando me perdonaba. Así fue como me sumí en una gran desesperanza, al desconfiar de quien siempre había confiado.

Antes de los ejercicios, ya tenía pensada hasta una fecha para abandonar el seminario: lo haría en Navidad. Sin embargo, en los ejercicios sucedió algo. El sacerdote que impartía las meditaciones dijo en una de ellas que hay veces en la vida en las que tenemos que aprender a rezar el padrenuestro al revés, haciendo un camino a la inversa para volver a Dios cuando estamos caídos, perdidos y destrozados, volviendo a enfocar bien las cosas para recomenzar con alegría y esperanza. Nos dijo que ese era el camino que hizo el hijo pródigo desde la pocilga hasta la casa de su padre. De pronto, se quebró algo en mi interior y comencé a llorar. No podía controlarlo y así me pasé gran parte del día. ¿Y si aquella era la respuesta? ¿Y si yo había estado tan contento en la casa de Dios y me encontraba ahora en el barro? ¿Podía emprender un camino de regreso al abrazo de mi Padre? «Me levantaré e iré donde mi padre», había dicho el hijo pródigo. Y aquello me dio esperanza.

El camino fue largo y de un gran combate espiritual, pero terminó bien. Aquella senda era estrecha y angosta, pero se podía recorrer, y desde entonces la he transitado más veces, yo solo o acompañando a otras personas. Cualquiera puede ir por ella, pero requiere paciencia con uno mismo, con los designios inescrutables de Dios y con los tiempos y pasos que se van dando a lo largo del camino. Aquí no existen los atajos fáciles, pero se puede llegar de vuelta con el Señor.

En este libro vamos a recorrer juntos el camino del padrenuestro desde la última petición hasta la primera, para tratar de quitar obstáculos y miedos de raíz espiritual y dar pistas para que el caminante pueda transitar por el sendero con confianza y firmeza. Si estás atravesando momentos de cambios; si estás viviendo una época de crisis porque lo que antes era dulce ahora es amargo; si has perdido la esperanza y la confianza en Dios; si no te encuentras ni encuentras a Dios y has perdido el sentido de tu vida... entonces este libro es para ti. Vamos juntos.

Francisco Javier Bronchalo

CAPÍTULO 1

LÍBRANOS DEL MAL

1.1. En lo profundo del barro

El camino que hacemos de vuelta a casa comienza desde lo más hondo del sufrimiento, clamando a Dios, como nos enseñó a hacer Jesús en la última petición del padrenuestro: «Líbranos del mal». El regreso a casa, por tanto, no empieza cuando todo va bien, sino cuando en el pozo del dolor aprendemos a clamar. El camino no lo inaugura nuestra fuerza, sino nuestro grito de súplica.

Tirado en un charco de barro, rodeado de cerdos y alimentándose de sus algarrobas: así ha terminado el joven que protagoniza una de las parábolas más célebres del Evangelio, la del hijo pródigo. ¿Y por qué ha acabado así? Por culpa de sus malas decisiones. Pero antes de llegar a esta situación, ha vivido un tiempo engañoso de éxitos mundanos, riquezas y lujuria. Para conseguir dinero, no ha dudado en pagar un precio muy alto, traicionando a su propio padre y exigiéndole su parte de la herencia en vida. Es como si le hubiera dicho: «A ti, que me lo has dado todo (la vida, el afecto, la educación, el vestido, el alimento), no te quiero porque seas mi padre; lo que me interesa son tus bienes, tu dinero. Dame mi herencia. Dámelo todo y me marcho. No quiero verte nunca más».

Del hijo pródigo no sabemos ni siquiera el nombre, pero no por un descuido de Jesús; nada en el Evangelio lo es. Lo que quiere en este pasaje el Señor es mostrarnos que lo verdaderamente importante de este joven es que es hijo, algo que le define más que su nombre.

Decíamos que sus malas decisiones son las que le han llevado a la pocilga con los cerdos. Y él, que es hijo y lo tenía todo en la casa de su padre, se ha convertido ahora en un esclavo atrapado en lo profundo del mal.

El mal es denigrante para las personas. El pecado se nos presenta a veces a con apariencia de bien, porque si no está claro que no lo elegiríamos. Y luego, cuando ya hemos caído, nos animaliza, poniéndonos al nivel de los cerdos, como ocurre en esta parábola —cabe resaltar aquí que el cerdo es un animal impuro para los hebreos; su consumo está prohibido, y hasta tocarlo hace caer en impureza a la persona—. Así pues, los malos ambientes nos «cerdifican». Seguro que alguna vez has escuchado la expresión: «Hay que hacer este mundo más humano». En mi opinión es un error, porque el mundo ya es humano; lo que necesitamos es hacerlo más divino, elevarlo, porque de lo contrario nos animalizamos.

Después de atraparnos, la humillación que provoca el mal en nosotros es enorme. Fíjate en lo que le pasa al hijo pródigo: desea llenarse el vientre con las algarrobas que comen los cerdos. Es una imagen muy poderosa. Imagínate a los cerdos que, como no tienen manos, han de golpear con la cabeza los árboles para que caigan las algarrobas, y después, meter el hocico en el barro para podérselas comer, llevándose al estómago además terrones de tierra... Así quería comer el hijo pródigo.

El mal nos lleva a distorsionar el deseo. Nosotros estamos hechos para ser hijos, con vida de hijos y dignidad de hijos, no de cerdos. Es al diablo a quien Jesús tiene destinado el vivir como un cerdo. ¿Recuerdas la parábola en la que una legión de demonios, viéndose acorralados por Jesús, que va a expulsarles del cuerpo de un hombre al que tienen poseído, le ruegan que les mande entrar en una piara que pastaba allí cerca? Jesús se lo concede, ellos entran en los cerdos y estos se lanzan pendiente abajo, precipitándose en el agua y ahogándose. El demonio está destinado a eso, las personas no.

Jesús quiere salvarnos de los más hondos sufrimientos en los que hemos caído. Él te quiere como eres, con las circunstancias concretas de la vida que tienes hoy, no con las que te gustaría tener.

Fíjate en otro detalle: si Jesús no da el nombre del joven de la parábola es porque podríamos ser tú y yo. También nosotros somos hijos y tenemos un Padre que nos quiere como solo un padre puede amar a sus hijos, pero nuestras acciones y decisiones, o el mal que otros nos han hecho, pueden llevarnos a vivir en el barro.

No olvides que nuestras acciones siempre tienen consecuencias, que pueden ser buenas o malas. También a veces nos toca sufrir por las malas decisiones de los demás, sin culpa por nuestra parte —o, por el contrario, alegrarnos de las cosas buenas que producen en nosotros sus buenas decisiones—. Madurar es aprender a asumir la responsabilidad de nuestras acciones y afrontar las consecuencias.

Todo comienza por el reconocimiento del barro en el que estamos y la aceptación de la situación, sabiendo que Dios nos sigue queriendo en esas circunstancias concretas. Entonces es cuando se puede clamar la última petición del padrenuestro, que es la primera para quien tiene el alma rota y los afectos destrozados: «Padre mío, ¡líbrame del mal!».

1.2. La herida de la soledad

El mal del que pedimos al Señor que nos libre no se presenta con rostro amenazante desde el principio; se disfraza de ruido, de amistades vacías, de afectividad vivida con una intensidad perjudicial.

Cuando el hijo pródigo abandona la casa de su padre para dirigirse a un país lejano, lo hace aparentemente solo. Sin embargo, su cabeza está llena de ideas que le mueven a celebrar su decisión, deseoso de estrenar su «nueva libertad». Después probablemente estaría rodeado de gente. Seguramente habría hombres llamándole «amigo» que se acercarían a él para que les pagase las juergas, y mujeres con los afectos heridos y vida disoluta en busca de cariño y de lujos. ¿Y después? Después, vacío. Todo aquello era tan efímero como el dinero que llevaba en los bolsillos. Al terminarse el dinero, se acabaron también las compañías. Entonces se vio la verdad: estaba solo. Entonces, como quizás también te pase a ti, el demonio le atormentaría colándose en sus pensamientos: «¿Dónde están esos que decían ser tus amigos? ¿Y esas chicas que decían que te querían? ¿No te das cuenta de que no te quiere nadie, de que no vales para nada? La gente ha visto cómo eres y por eso se alejan de ti. Solo te querían por tu dinero».

El maligno siempre busca aislarnos y, cuando por fin lo consigue, disfruta hurgando en la herida de la soledad. Hace unos años, me sorprendió la noticia de un hombre que había muerto en casa solo. Nadie se había dado cuenta, nadie había alertado a las autoridades. Cuando por fin intervinieron, encontraron el cuerpo en un avanzado estado de descomposición. El hombre, que tenía síndrome de Diógenes, apareció sepultado por una enorme montaña de basura en una de las habitaciones. Lo sorprendente, y por lo que esta historia se convirtió en noticia, es porque este hombre tenía más de 3500 amigos en Facebook y una gran actividad de mensajes, comentarios y publicaciones en esa red social. Pero nadie reclamó el cadáver y ninguno de esos «amigos» estuvo en el sepelio. Le sepultaron en una tumba anónima del cementerio municipal, en la que ni siquiera pusieron su nombre. Tampoco acudió nadie al entierro, salvo los sepultureros que pusieron los ladrillos y echaron la tierra encima.

Aunque cueste creerlo, estas cosas pasan a menudo. A los tanatorios les pido siempre que me avisen, o que avisen a otro sacerdote, cuando tengan casos de personas solas a las que dar sepultura. Es asombroso. Yo, como muchos, vivo en una ciudad enorme y llena de gente, y me desespero cuando hay mucho tráfico en el semáforo, o me incomodo cuando el metro va lleno. Pero a pesar de tanta gente junta, hay más personas solas que nunca.

Podemos tener cientos o incluso miles de amigos y seguidores en las redes sociales, y que eso no signifique nada. Hace cien años, en el pueblo de mis abuelos no habría más de cien habitantes, y eso contando a la cabra y la gallina. No había smartphones ni redes sociales, pero nadie estaba solo. Cuesta creer que un vecino pudiera pasar días enteros muerto sin que alguien le echara de menos o ser enterrado sin que nadie rezara por él. Con esto no quiero demonizar las ciudades ni las tecnologías, pero sí decir que, en medio de tanto proceso de desarrollo, la deshumanización y la falta de Dios nos han llevado a retroceder en muchos aspectos.

La herida de la soledad es una de las más crueles, ya que deja un vacío inmenso y prolongado que nos hace gritar por dentro: «¡No le importas a nadie!». Y eso machaca el alma, porque fuimos creados por Dios para la comunión, para la relación, para el amor recibido, entregado y compartido, y porque nos define lo que somos para los demás: hijos, padres, esposos, amigos, hermanos, sacerdotes...

Sin embargo, no hay que perder la esperanza, porque la herida de la soledad puede transformarse en una puerta. Cuando todo lo demás se ha ido, y cuando las amistades de conveniencia se han quitado sus caretas y ya no quedan maquillajes para disimular el dolor, la soledad nos está señalando el camino de regreso a casa, como le ocurrió al hijo pródigo. En su caída, él se volvió humilde y reconoció que se había equivocado al buscarse solo a sí mismo.

El maligno quiere que el hijo pródigo se hunda en la desesperación, pero el padre se sirve de su herida para mostrarle que hay un lugar donde le esperan y donde es amado.

1.3. Hambre y vacío

Cuenta Jesús en la parábola que el hijo pródigo comenzó a pasar hambre y necesidad. Esta es una de las claves para entender su drama: la vida de pecado promete plenitud, pero luego deja un profundo vacío porque no puede saciar la sed del hombre. Así, la persona se introduce en una rueda de esclavitud que poco a poco va dejando su vida en ruinas.

El hambre del hijo pródigo no era meramente física. Era también hambre de sentido de la vida, hambre del abrazo de su padre, hambre de tener un hogar donde vivir, hambre de sentirse querido por ser quien era. No hay duda de que la experiencia del hambre es dolorosa, pero en este caso actúa como una brújula que le recuerda que en otros sitios hay alimento y que solo tiene que ponerse en camino para recibirlo.

Todos llevamos dentro un deseo de vida eterna. Anhelamos el triunfo del bien, buscamos un amor que sea para siempre y nos subleva que los inocentes sufran injusticias. Ante la muerte de alguien a quien queremos —una madre, un padre, un hermano, un hijo, un amigo—, ¿no deseamos volver a verles y darles un abrazo? ¿No lloramos por el dolor de no poder hacerlo?

En nuestro interior hay un anhelo de trascendencia y por eso hacemos funerales cuando muere alguien. Eso no lo hacen los animales. Suelo decirlo cuando estoy oficiando un funeral por una persona que acaba de morir —y ya han sido cientos de veces en mis años como sacerdote—: si estamos allí rezando por la persona fallecida es porque en nosotros hay algo que nos habla del cielo. En momentos así se sufre, pero ese dolor nos está diciendo que existe la eternidad, al igual que la sed nos remite al agua, y el hambre, al alimento. El sufrimiento nos pone en marcha. Si hubiera muerte, pero no cielo; si hubiera mal, pero no remedio; si hubiera hambre, pero no alimento, todo sería absurdo y estaríamos mal hechos, con deseos imposibles de realizar.

El escritor ruso Aleksandr Solzhenitsyn estuvo preso durante once años en los gulags del comunismo soviético. En uno de sus textos escribió cómo un joven obrero que trabajaba construyendo la vía de ferrocarril murió en un accidente durante la obra. Podemos imaginar el dolor de la familia y la consternación de los padres. Un tiempo después, el padre recibió una condecoración de manos del mismísimo Iósif Stalin, quien para animarle le dijo que no estuviera triste, que su hijo había muerto sirviendo a la patria y que algún día harían construcciones tan perfectas y seguras que ningún obrero tendría que morir trabajando. Cuando llegó a casa, aquel padre dejó la condecoración en la mesilla de noche, abrió el cajón, sacó un revolver y se pegó un tiro. ¿Qué tipo de esperanza le había ofrecido Stalin? ¿De qué le servía a él que un día no murieran más obreros, si su hijo ya estaba muerto?

Algo similar es lo que le ocurre al hombre que da la espalda a Dios: pierde la esperanza, es decir, *des*espera. Pero aunque el ser humano deje de creer en Dios no por eso desaparece su deseo de vida eterna, ni su anhelo de un amor para siempre, ni sus ganas de volver a abrazar en otra vida a sus seres queridos fallecidos. La diferencia es que la respuesta es la nada, el vacío y el sinsentido.

En las *Confesiones*, san Agustín lo confiesa con lágrimas: «Nos hiciste, Señor, para ti, y nuestro corazón está inquieto hasta que descanse en ti». Ningún éxito, ningún placer, ninguna riqueza de este mundo puede calmar el hambre del alma. Pese a ello, el hombre posmoderno se empeña en construir un mundo sin Dios. Nunca ha habido en nuestros países occidentales mayor facilidad para conseguir de todo y de manera tan inmediata ni, al mismo tiempo, tanto sufrimiento causado por la tristeza, la soledad, la ansiedad y la desesperación.

El vacío del hijo pródigo fue en realidad una gracia disfrazada, porque su hambre se convirtió en memoria del hogar, en un impulso que movió su alma a decir: «¡Esto no puede ser todo!». Ese es también el grito de nuestro corazón, que nos dice que no podemos ser felices sin Dios y que nuestra verdadera vocación es estar con el Padre.

1.4. El mal no tiene la última palabra

Lo que le ocurrió al hijo pródigo nos ocurre también a ti y a mí. Tarde o temprano a todos nos golpea el mal, ya sea por las injusticias, por las consecuencias de los pecados, por las heridas que arrastramos... Ser cristianos no nos evita el sufrimiento, sino todo lo contrario: estamos llamados a subir a la cruz una y otra vez, viviendo crucificados con el Crucificado al que seguimos.

Pero hemos de ser conscientes de que el mal que campa a nuestro alrededor puede movernos al desánimo. Escuchamos a diario noticias de guerras y de escaladas de violencia, y casi estamos acostumbrados a contemplar el sufrimiento de los inocentes. Recientemente me impactó la noticia de que en Minneapolis (Estados Unidos) un joven transexual disparó desde las ventanas al interior de la iglesia de una escuela parroquial en la que se encontraban los niños asistiendo a la Misa de inicio de curso. Mató a dos de ellos e hirió a decenas. El asesino, que después se quitó la vida, se había grabado portando mensajes satánicos y mostrando dibujos del demonio y de un plano del interior de la capilla que él mismo apuñalaba con un cuchillo. Todo fue un acto demoniaco premeditado y llevado a cabo de manera ritual. Ver a las madres de los niños llorando desconsoladas en la puerta de la iglesia era desgarrador. ¿Qué podemos decir ante hechos así? No hay palabras que puedan servir de consuelo, ni teorías humanistas que puedan arrojar ninguna luz ni sentido, ni soluciones que puedan reconstruir a las víctimas desde dentro. No las hay sin Dios.

Sin embargo, por nuestra fe sabemos que el mal no tiene la última palabra sobre nuestra vida, sino Dios. Porque Jesucristo, siendo inocente, fue condenado a morir. El Señor cargó con el peso de todos los pecados cometidos por el hombre, no siendo suyo ninguno. Fue herido en el cuerpo y en el alma hasta entregar la última gota de su sangre y el último aliento de su vida. Murió y resucitó, y con su resurrección venció a la muerte, de modo que la última palabra es de nuestro Dios.

Dice san Pablo en su Carta a los Romanos: «No te dejes vencer por el mal, antes bien vence al mal con el bien»[1]. Sabemos que el mal engendra desánimo, y a su vez, una mayor cantidad de mal. ¿Cómo se puede parar eso? Haciendo justo lo contrario: poniendo bien donde hay mal, con la ayuda de Quien ha vencido al mal.

Por eso, cuando estés en el barro y estés sufriendo a causa de algún mal, te invito a mirar una cruz y al Crucificado que hay en ella. No hay mayor mal que matar a Dios, ni hay mayor bien que Dios entregando la vida libremente y por amor para vencer al mal. Muriendo, Cristo destruyó nuestra muerte, y resucitando nos dio nueva vida. Los cristianos vemos la cruz como el trono de la victoria de Dios. San León Magno decía que «el mundo no puede salvarse sino con la cruz de Cristo». Así, contra toda lógica humana, lo que podía parecer un fracaso se convirtió en la manifestación del poder y el amor más grande.

Por eso, si el mal te tienta a creer que todo está perdido, no hagas caso. Es una gran mentira. Solo el bien es eterno. La cruz lo proclamó y la resurrección lo selló. Dice Jesús: «Os he hablado de esto, para que encontréis la paz en mí. En el mundo tendréis luchas; pero tened valor: yo he vencido al mundo»[2]. Que el mal no tiene la última palabra es la primera certeza del camino de

---

1 Romanos 12, 21.
2 Juan 16, 33.

regreso del hijo pródigo a casa. Quien vuelve al Padre pidiéndole que lo libre del mal camina ya por la senda de la victoria, aunque sus heridas todavía sangren.

1.5. El Mar de la Muerte

Jesús es la respuesta que Dios ha dado al sufrimiento y a la muerte. El Señor cuenta la parábola del hijo pródigo para que sepamos quién es Dios frente al ruido del mundo, que tantas veces da una respuesta distorsionada y desesperanzadora a esta cuestión. Jesús es la prueba de que Dios existe y de que le importamos. Él mismo se ha presentado como camino para ir al Padre: «Yo soy el camino y la verdad y la vida. Nadie va al Padre sino por mi[3]». Él es ese camino que el hijo pródigo está a punto de emprender.

Antes veíamos que nada es por casualidad en el Evangelio, que todo tiene una enseñanza intencionada que viene de Dios. Jesús quiso comenzar su vida pública en un lugar especial y de un enorme significado, un punto del río Jordán llamado Al-Maghtas, muy cerca de su desembocadura en el Mar Muerto. Precisamente, la costa de este mar es el punto geográfico más bajo del mundo en tierra firme; se encuentra a 422 metros por debajo del nivel del mar. Sus aguas se evaporan deprisa debido al

---

3   Juan 14, 6.

calor, lo que provoca que el nivel de sal sea tan grande que es imposible hundirse cuando te bañas en él y que quien se atreva a abrir los ojos bajo sus aguas sin la protección de unas gafas tenga que salir corriendo a alguna de las duchas de lavado a presión que hay en sus playas para no quedar con picor ocular toda la tarde —esto último lo sé por experiencia—. El nombre de Mar Muerto viene porque, lógicamente, la vida no es posible en sus aguas. No hay peces ni tampoco plantas, pero además el nombre se debe a que el río Jordán va a morir allí.

Las orillas del Mar Muerto eran lugar de congregación de los peregrinos judíos que hacían el camino a Jerusalén para las fiestas importantes mientras cantaban los llamados «Salmos de las subidas». ¿Por qué se denominaban así? Porque tenían que hacer una gran subida, desde los 422 metros bajo el nivel del mar hasta los 754 sobre el nivel del mar en que se encuentra Jerusalén, más de un kilómetro de desnivel en un camino de 189 kilómetros.

Ahora entendemos mejor lo que quiso enseñar Jesús bajando al Mar Muerto. El Señor comenzó su vida pública descendiendo hasta lo más hondo para hacer todo el camino de subida hacia Jerusalén, donde moriría. La vida de Jesús es un camino donde nos muestra, con sus milagros y predicaciones, que ha venido a darnos esperanza y confianza en Dios, nuestro Padre, y a llevar a la salvación a los hijos pródigos, heridos y rotos. Jesús ha bajado hasta lo más profundo para que tú y yo comprendamos que no hay ningún lugar de nuestra existencia tan oscuro que Él no pueda amarnos, abrazarnos y redimirnos.

Y ahora te pregunto: ¿En qué momentos concretos de tu camino has estado en lo más hondo, en lo muerto? Puede haber sido una etapa difícil por un dolor grande en tu matrimonio o con tus hijos; un periodo de angustia por una enfermedad propia o de alguien querido; el sufrimiento prolongado por una adicción que te ha atrapado y de la cual no puedes salir; etc.

Cuando amamos a alguien, a todos nos gusta ofrecerle lo mejor, pero Dios insiste en que le demos lo peor, aquello con lo que no podemos. Hay épocas en las que solo podremos entregarle llantos y ofrecerle nuestros sufrimientos, tiempos en los que nuestra única oración serán las lágrimas. Estupendo. No pasa nada. Eso también es oración y puede ser muy sanadora, porque brota de lo más profundo del corazón. Como dice san Juan Pablo II: «La oración es la que siempre, primera y esencialmente, derriba la barrera que el pecado y el mal pueden haber levantado entre Dios y nosotros. Por eso pedimos a Dios que nos libre del mal y nos guíe en el camino de la vida».

Concluimos este punto haciendo hincapié en que Jesús ha querido bajar a lo más hondo de nuestra existencia, a los lugares donde solo hay muerte y mal, para acompañarnos en el camino de subida a la gloria anhelada, para que vivamos una vida plena: «Yo he venido para que tengan vida y la tengan abundante[4]».

El hijo pródigo recordó la vida que tenía con su padre y el amor que recibía en su casa. Ese destello de luz le permite levantarse para empezar el camino de regreso. Pídele tú también a Dios esa luz.

1.6. María, Madre intercesora para librarnos del mal

En la casa del Padre está también nuestra Madre, la Virgen María. Aunque no aparece mencionada en la parábola del hijo pródigo, los cristianos sabemos que María está allí donde está Dios. Estaba junto a Jesús en las bodas de Caná, con san Juan al pie de la cruz en el Calvario, con los apóstoles el día de Pentecostés recibiendo al Espíritu Santo... Allí donde está el Padre, está la Madre custodiando el calor del hogar.

Desde los primeros tiempos, los cristianos han venerado a la Virgen María. La oración cristiana más antigua dirigida a María dice así: «Bajo tu amparo nos acogemos, Santa Madre de Dios; no deseches las súplicas que te

---

4 Juan 10, 10.

dirigimos en nuestras necesidades; antes bien, líbranos siempre de todo peligro, ¡Oh Virgen gloriosa y bendita!». Este escrito se conserva en un papiro egipcio del año 250 d. C., lo que refleja que la tradición de rezarla oralmente era incluso anterior. Desde el inicio, los seguidores de Jesús acogieron a María como Madre, tal como quiso Jesús cuando se la entregó al apóstol Juan: «Mujer, ahí tienes a tu hijo [...] Ahí tienes a tu madre[5]». El papiro con esta oración, conocida como *Sub praesidio* («Bajo tu amparo») fue encontrado bajo la arena del desierto, donde permaneció intacto durante siglos. Pienso que incluso ese detalle puede convertirse en una bonita enseñanza de María, que muchas veces permanece oculta, pero sin dejar de rogar en nuestro favor. Ella es nuestra gran Intercesora ante el Padre. María es la antítesis del mal. El maligno primero divide, después aísla, y por último, destruye. María hace todo lo contrario: suaviza las durezas de nuestro corazón, nos prepara para el encuentro sanador con el Padre y es esa Estrella que ilumina en medio de la noche en el camino de vuelta a casa.

Recuerdo con mucha emoción la última visita de san Juan Pablo II a España. Ante un millón de jóvenes de nuestro país, pronunció al despedirse sus famosas palabras: «¡Hasta siempre, España! ¡Hasta siempre, tierra de

---

5 Juan 19, 26-27.

María!». Menos de dos años después fallecería en Roma. En nuestro país, ya en aquellos años estábamos viviendo un proceso de secularización y descristianización que se ha ido extendiendo cada vez más, de tal modo que en las últimas décadas la barbarie ideológica ha hecho verdaderos estragos. Pienso que, al llamar a España «tierra de María», el Santo Padre nos estaba recordando nuestra historia y tradición, tan profundamente marianas, y, a la vez, estaba proféticamente dándonos esperanza frente a lo que venía. Hoy nuestra tierra sigue siendo de María, aunque la crisis de fe sea tan grande. Encomendémonos más que nunca bajo su amparo y encontraremos en Ella nuestro consuelo, como lo encontró el apóstol Santiago en Zaragoza, en la primera aparición mariana de la historia, cuando nuestra tierra comenzó a ser de la Virgen.

Si una tierra puede ser de María, ¡cuanto más lo será la casa eterna del Padre! Nuestra súplica «líbranos del mal» encuentra en Ella una respuesta viva. Nuestra Madre no elimina nuestras pruebas, pero nos sostiene en medio de ellas, igual que no eliminó la cruz de Jesús, pero acompañó a su Hijo hasta su último aliento en el Calvario. Allí, en la hora más oscura, cuando el mal parecía triunfar con la muerte del Cordero de Dios, Ella permaneció en pie. No huyó, no se escandalizó, no se escondió, no se dejó arrastrar por la desesperanza. Permaneció. Así, su presencia amorosa fue la señal de que, incluso en medio del dolor más radical, el amor puede resistir.

Oración

Padre Bueno,
aquí estoy, cubierto de polvo y barro,
como aquel hijo tuyo que malgastó todo y terminó lejos de casa.

Mis manos llevan el peso de lo que he tocado sin Ti,
mi corazón guarda el hambre
de lo que no puede saciarse sin tu amor,
y mi alma las heridas de las veces que he buscado afecto sin Ti.

En la noche oscura de lo profundo del alma,
donde todo se presenta confuso,
te pido que hagas presente tu primer acto creador,
tu voz que rompió el silencio: «Hágase la luz».

Haz que esa luz, que es Cristo,
penetre en las sombras de mi corazón,
y que en mí se separe la claridad de la tiniebla
para que yo pueda ver el camino que conduce a Ti.
Jesús, Hijo amado,
Tú que descendiste a lo más profundo,

hasta las aguas del Mar Muerto,

para rescatar a los débiles y dañados de este mundo,

entra también en mis abismos.

Camina por mis aguas estancadas,

toca mis orillas más secas,

y llévame sobre tus hombros

como el pastor que encuentra a su oveja perdida.

Tú que lloraste ante la tumba de Lázaro

y con voz fuerte le llamaste a la vida,

grita también mi nombre.

Rompe las vendas que atan mis pies y mis manos,

quita el sudario de mis miedos,

y haz que salga fuera, hacia el sol de tu presencia amorosa.

Espíritu Santo,

que mi regreso al Padre sea mi primer día nuevo,

el amanecer de una creación que no acaba,

la certeza de que tu mirada protectora

ve la luz buena que nace en mí,

aunque aún quede noche.

Concédeme vivir cada paso de este camino

con la esperanza de saber que la casa está abierta,

el banquete preparado

y los brazos del Padre extendidos.

María, bajo tu amparo me acojo,
Santa Madre de Dios y Madre mía.
Tú que eres refugio seguro en medio de la tormenta,
acógeme en tu regazo cuando el mal me atenaza.

Tú que permaneciste firme al pie de la cruz,
enséñame a no ceder ante el miedo y la desesperanza.
Sé para mí tierra buena, lámpara encendida, casa abierta,
donde el enemigo no entra y el corazón descansa.

Amén.

CAPÍTULO 2

NO NOS DEJES CAER
EN LA TENTACIÓN

2.1. Caminando entre tentaciones

Continuando con la vuelta a casa desde la miseria del barro, vamos a ver en este capítulo que, una vez se emprende el camino, perseverar y seguir adelante no es fácil, porque la tentación de volver a lo anterior es muy fuerte. En estos sufrimientos nos va a acompañar la sexta petición del padrenuestro: «No nos dejes caer en la tentación». Cuando la formulamos, estamos reconociendo que no podemos sostenernos solos. A través de ella le pedimos a Dios que nos lleve de la mano por terrenos resbaladizos, pedregosos e inhóspitos, poniendo toda nuestra confianza en Quien nos guía. Cada paso es un triunfo y un anticipo de la gloria que nos espera al final.

Imaginemos ahora el aspecto del hijo pródigo por el camino. Tendría la ropa harapienta y hecha jirones, un olor espantoso, mucha sed y un hambre extrema. Estaría agotado, tanto física, como mental y espiritualmente. Cada paso del joven sería una lucha contra sí mismo. Vendrían con fuerza los miedos: «¿Y si no me recibe? Y si me echa encima a los guardias para que me apaleen? Es lo que merezco. Después de lo que hecho, ya no soy digno, no hay lugar para mí en esa casa». Y también brotaría su propio orgullo: «Bueno, él es quien debería haber venido a buscarme. Al fin y al cabo, soy su hijo. Pero está claro que nunca ha sabido quererme. Si me quisiera, no me habría dejado marchar. Siempre ha querido más a mi hermano mayor. Yo nunca he sido suficiente para él».

El tentador utilizaría tanto los pensamientos que nacían del miedo como los que nacían del orgullo para intentar disuadir al hijo pródigo de su propósito. Dice san Juan Crisóstomo: «Cuando el demonio ve que hemos comenzado a levantarnos, nos ataca con mayor violencia, para arrancarnos el bien que hemos obtenido».

El camino de vuelta a casa no es un paseo tranquilo, sino un campo de batalla que el enemigo siembra de obstáculos en su empeño de mantenernos en el barro. Aunque la vida del hijo pródigo se había vuelto miserable, allí todavía tenía unas mínimas seguridades. Cuando le asaltara la tentación, pensaría que no iba a ser bien recibido en la casa de su padre. Sin embargo, a la pocilga podía volver. La comida era pésima, pero al menos podía llenarse la tripa. Y estaba claro que los cerdos no eran la mejor compañía, pero al menos no estaba solo. El tentador le recordaría lo bien que se lo había pasado cuando tenía dinero, haciéndole ver al mismo tiempo que, en el fondo, aquel lugar lleno de fango no estaba tan mal. Resulta increíble, pero la miseria conocida e inmediata puede llegar a parecer más cómoda que la esperanza incierta y lejana.

El tentador se empeñará en que pensemos que el barro es más seguro que el camino. Su mejor arma es la mentira. Por eso, la petición del padrenuestro de «no nos dejes caer en la tentación» es nuestra mejor respuesta ante el mal, y nos sirve para decirle al demonio que no luchamos solos. El cielo entero se pone de nuestro lado cuando nos aferramos a Dios.

Con cada paso que daba, el hijo pródigo no solo se alejaba cada vez más de la pocilga, sino también del engaño. Así también nosotros cuando resistimos, aunque nos cueste y duela, vamos arrancándole terreno al enemigo, con la ayuda de Dios. La tentación es un crisol, una prueba que nos purifica en el regreso a casa. Lo importante es no volver atrás, aunque parezca lo más fácil.

La fe nos da la certeza de que no caminamos solos. Por eso, en nuestra hora más frágil, surge de nosotros este clamor de hijos: «No nos dejes caer en la tentación».

2.2. Espejismo del pasado

Las dificultades del presente son la palanca en la que se apoyan las tentaciones para hacernos creer que el pasado era mucho mejor y que debemos volver. Cuando era seminarista y me faltaban unos meses para ser ordenado diácono, recuerdo que me asaltó un desánimo muy fuerte. Yo había visto claramente que Dios me llamaba a ser sacerdote. Era un deseo que brotaba de lo más profundo de mi ser y por eso, después del discernimiento, entré en el seminario. Durante el periodo de formación fui profundizando en aquella llamada, comprendiendo mejor lo que implicaba ser sacerdote y qué era lo que se pedía de mí. Poco a poco, el deseo se fue haciendo más maduro. Tuve momentos de crisis y momentos de sequedad que me sirvieron para discernir si Dios quería que siguiera adelante o no, y el resultado siempre fue la confirmación de mi seguimiento a Jesús por el camino del sacerdocio. Sin embargo, en ese último periodo difícil antes de ser diácono, me asaltaba continuamente la misma tentación: «¡Con lo bien que estabas antes de entrar en el seminario!», «¡Y lo buena que era tu vida antes!». En realidad no lo era, pero sonaba muy creíble en medio de ese desierto que tuve que atravesar. Tenía dificultades objetivas: sentía miedo e inseguridad ante esa nueva forma de vida, me costaba imaginarme viviendo solo, se me hacía grande la renuncia a ser esposo y padre... La tentación me hacía imaginar una vida distinta, para llevarme a creer que todas las vidas eran buenas menos la mía. Y así, me imaginaba casado y con hijos, trabajando en una empresa o dando clases, y jugando al fútbol con los amigos los domingos, tal y como solía hacer antes de entrar en el seminario. Todo eso eran cosas buenas, pero no formaban parte del camino que Dios tenía pensado para mí, que era mucho mejor porque Dios nos quiere felices, pese a las dificultades propias de nuestras circunstancias. Después de tantos años, yo sabía que mi camino con el Señor era ese, que no me había equivocado, pero ni siquiera era capaz de rezar tranquilo. En los momentos de angustia, comencé a repetir a modo de jaculatoria: «No me dejes caer en la tentación», «no me dejes caer en la tentación».

Pasados unos meses, todo se calmó y recuperé la confianza, la alegría y la esperanza. Los miedos y las inseguridades, que me habían parecido gigantes, tenían los pies de barro. Tuve la certeza interior de que Dios me había acompañado en aquella crisis y supe que Él estaría conmigo en todas mis pruebas. Sentí un profundo agradecimiento y quise sellarlo reflejándolo en el lema de mi ordenación sacerdotal: «Cambiaste mi luto en danzas, me desataste el sayal y me has vestido de fiesta; te cantará mi alma sin callarse. Señor, Dios mío, te daré gracias por siempre»[6].

Si cuento esto no es para ponerme como ejemplo de nada, sino para mostrar que también los sacerdotes sufrimos épocas muy difíciles de miedos e inseguridades. A mí, como a ti, me afecta la tentación, y me he dado cuenta de que a menudo se apoya en nuestros momentos de bloqueo y de vacío para presentarnos una historia pasada ideal hacia la que retroceder.

Del sufrimiento podemos aprender a comprender mejor la vida, y eso a su vez nos ayuda a discernir si el camino emprendido es el correcto o no. Por eso, aunque el demonio lo que busca es quitarnos la esperanza y empañar el sentido de lo que hacemos —y su voz suena muy razonable, porque se apoya en un dolor que es real—, Dios nos mantiene en la paz y nos invita a permanecer en el camino emprendido lo mejor que podamos.

El demonio quiere que nos quedemos estancados. Tan solo necesita que dejemos de caminar para luego dar un paso atrás, convencidos de que el barro que conocemos es mejor que la incertidumbre de lo que ocurrirá si seguimos caminando.

Con el «no me dejes caer en la tentación» no estamos pidiendo que desaparezca la prueba, sino que en medio

---

6 Salmo 30, 12-13.

de ella el Padre nos sostenga y nos guíe por el sendero de la verdad. Detrás de las tentaciones hay una posibilidad de crecimiento. Cada vez que elegimos ser fieles en el camino de vuelta a Dios nuestra fe se fortalece. Cada pequeño paso nos acerca un poco más a casa. Así es como los hijos pródigos aprendemos que, frente a la nostalgia del pasado, lo que nos sostiene no es nuestra propia fuerza de voluntad, sino el tener nuestra confianza puesta en Dios.

2.3. Cuando las fuerzas flaquean

Está claro que el hijo pródigo no emprendió el camino en la plenitud de sus fuerzas. Iba exhausto y con el alma desangrándose, lleno de miseria por dentro y por fuera, y con el corazón lleno de culpabilidad. Como hemos visto, esa debilidad es el terreno favorito del tentador para hacer más daño. Pero la Sagrada Escritura tiene una mirada totalmente distinta, que san Pablo expresa así: «Vivo contento en medio de las debilidades, los insultos, las privaciones, las persecuciones y las dificultades sufridas por Cristo. Porque cuando soy débil, entonces soy fuerte»[7].

El cansancio, que puede parecer un obstáculo, se puede convertir en ocasión de gracia, pues es entonces

---

7   2 Corintios 12,10.

cuando dejamos de confiar en nuestras propias fuerzas para confiar en la fuerza de Dios. Así, el diablo no tiene por qué vencer a quien simplemente está cansado, siempre que este no dé el paso de abandonarse a sí mismo y ceder ante el mal.

En cierta ocasión, una mujer me dijo que no sabía qué hacer para tener más fe. Se notaba que cargaba con un gran peso, así que le pregunté: «¿Por qué piensa usted que no tiene fe? ¿Hay algo detrás que la está desanimando y haciéndole daño?». Ella me respondió: «Tengo una hija que es ciega y estoy muy preocupada por ella. Conforme pasan los años, cada vez me veo con menos fuerza. Cada día le rezo a Dios, abandonando mi sufrimiento en Él, pero veo que tengo poca fe; aun así, noto que Él me da fuerzas». Aquella mujer estaba agotada por una situación prolongada en el tiempo que la estaba desbordando. Le expliqué que era normal que sufriera y se preocupara por su hija, y que lo suyo no era un problema de falta de fe; al contrario, ¡ya quisieran muchos perseverar así! Su fe estaba siendo muy probada y ella cada día estaba respondiendo con la confianza de dejarlo todo en manos de Dios. También le dije que en ella se estaba cumpliendo esa palabra de san Pablo que citaba antes: en la debilidad, Dios le estaba dando fuerza. Estaba viviendo de la fe.

Escribía C. S. Lewis en uno de sus ensayos, después de haber abrazado la fe: «Creo en el cristianismo como creo que el sol ha salido: no solo porque lo veo, sino porque a través de él veo todo lo demás». Lewis había adquirido una mirada nueva sobre todas las cosas tras su conversión, había cambiado el prisma desde el que contemplar la realidad. Y eso tenemos que hacer nosotros, especialmente en los momentos de flaqueza, cuando tenemos la sensación de no ver nada claro. Es importante recordar entonces la propia historia, para caer en la cuenta de que la fe es lo que nos ha movido, permitiendo que diéramos un sentido profundo a nuestras decisiones. No neguemos en la oscuridad lo que un día vimos en la luz. Para poder perseverar en esas crisis necesitamos suplicarle a Dios que nos sostenga, poniendo toda nuestra confianza en Él.

La fe probada en la debilidad se revela como lo que de verdad es: no un simple sentimiento, sino una certeza que nos lleva a la adhesión total a Dios de todos nuestros afectos, nuestra inteligencia y nuestra voluntad. Por eso, nuestro camino en la fe no depende de cómo nos sintamos, sino de la historia que el Padre ha ido escribiendo en nosotros, de los pasos en los que nos ha sostenido, de las veces que nos ha levantado cuando nos creíamos derrotados... Cada pequeño acto de confianza por nuestra parte es un eslabón más de la cadena que nos une a Él. Nos ayudará acudir a la Eucaristía, leer la Palabra de Dios, orar (con o sin sentimiento), ayudar al hermano que lo necesita, perdonar las ofensas recibidas... Y todo ello sabiendo que Dios nos sostiene, aunque no lo veamos ni lo sintamos.

2.4. Baobabs en el corazón

¿Has leído *El Principito*? A mí siempre me ha dado mucha luz, pues tiene intuiciones que se pueden aplicar a la vida espiritual.

El Principito vive en un asteroide muy pequeño en el que crecen arbustos pequeños, pero también baobabs, unos árboles que se hacen muy grandes y que, si no se arrancan a tiempo, pueden terminar por ocupar todo el espacio y destruir el planeta. El Principito es consciente de la necesidad de distinguirlos desde que nacen, pues arbustos y baobabs se parecen mucho. Ambos vienen de pequeñas semillas y parecen igualmente buenos e inofensivos. Los arbustos hay que cuidarlos, pero los baobabs hay que arrancarlos a toda prisa. Hacerlo es fácil, dice el Principito: «Es una cuestión de disciplina, cuando uno termina de asearse cada mañana hay que asear el planeta».

Las tentaciones son como los baobabs: empiezan siendo pequeñas y sutiles y, si no las atajamos, van creciendo y terminan ahogando el alma. El enemigo siembra pequeñas semillas en el corazón que pueden hacerse enormes. Si además nos resignamos a hacer las paces con el pecado, todo se complica y arraigan aún más en el alma. El problema no es que aparezcan, sino dejar que echen raíces y crezcan, ocupando todo el corazón.

El camino al Padre es una purificación de todo lo que estorba en nuestro corazón. Aunque pueda resultar doloroso, más duele a la larga no hacer nada. Tenemos que hacer como el Principito: reconocer los baobabs cuando son pequeños. En cuanto tomemos conciencia de que están ahí tenemos que desecharlos, cortando lo que daña cuando aún es semilla, sin esperar a que nos invada.

Revisar y reconocer nuestras tentaciones a diario puede convertirse en un buen hábito. ¿Cuáles son los baobabs de tu alma? Observa esas tentaciones que se han hecho fuertes en ti y te están impidiendo avanzar. Puede ser una envidia consentida que alimentas, un resentimiento, la pereza, un uso desordenado de las pantallas, una mala relación con la bebida, un enganche con la pornografía... Una vez detectado tu baobab, debes poner los medios para atajar su crecimiento. Quizá te ayude contarle el problema a alguien que te pueda orientar y aconsejar bien. También es útil establecer buenas rutinas, tener orden de vida y cultivar relaciones sanas y enriquecedoras con los demás. Al mismo tiempo, y como ya sabemos, no es cuestión de pura voluntad: es fundamental cuidar la vida interior. La oración, la lectura de la Palabra, la Eucaristía, la confesión..., son esa «jardinería espiritual» que limpia el terreno del alma, haciendo germinar los buenos arbustos y quitando terreno a los baobabs.

Arrancar un baobab duele porque está mezclado con nuestra tierra buena, y porque ya lo hemos regado y nos hemos acostumbrado a vivir con él. Pero dejarlo crecer acaba doliendo mucho más, porque el baobab termina asfixiando todo lo bueno y controlando nuestra vida. El desprendimiento, aunque doloroso, es el único camino hacia la libertad interior. Tanto el mal que nos atrapa como la santidad que nos libera empiezan en lo pequeño. El alma cuidada es como el planeta del Principito: pequeña pero sencilla, luminosa y llena de vida. Sin raíces invasoras. En ella el amor puede florecer y crecer sin obstáculos.

2.5. La tentación vence donde languidece el amor

En una ocasión, un poeta famoso estaba dando un recital ante un gran auditorio. Al concluir, pidió a los asistentes que le propusieran un poema para recitarlo. Un sacerdote muy mayor levantó la mano y propuso el Salmo 23. El poeta accedió, pero con la condición de que él lo recitara después. Y comenzó a recitar el Salmo: «El Señor es mi pastor, nada me falta, en verdes praderas me hace recostar, me conduce hacia fuentes tranquilas y repara mis fuerzas». El público escuchaba admirado la entonación y la pericia del poeta. Cuando terminó, todo el mundo aplaudió entusiasmado. «Ahora le toca a usted», le dijo al sacerdote, y este comenzó a recitar despacio: «El Señor es mi pastor, nada me falta, en verdes praderas me hace recostar, me conduce hacia fuentes tranquilas y repara mis fuerzas». Un profundo silencio se adueñó del auditorio. Cuando acabó, nadie dijo nada. El silencio se prolongó. Había gente con lágrimas en los ojos y todos estaban sobrecogidos. El poeta se dirigió a los asistentes, visiblemente emocionado: «Creo que todos ustedes se han dado cuenta de lo que aquí acaba de suceder. Yo conocía el Salmo, sé cómo recitarlo, sé dónde poner la entonación adecuada y dónde marcar los acentos para provocar emociones. Pero este sacerdote, que no sabe nada de eso, conocía al Pastor».

A quien ha conocido el amor de Dios le ocurre como a este sacerdote. Eso marca para siempre el corazón y nos puede ayudar a seguir adelante. La tentación se alimenta de un corazón debilitado en el amor. Cuando el amor a Dios se apaga en nosotros, cualquier vocecita nos parece más convincente. San Agustín lo explica con radicalidad en una de sus frases más célebres: «Ama y haz lo que quieras. Si callas, callarás con amor; si gritas, gritarás con amor; si corriges, corregirás con amor; si perdonas, perdonarás con amor. De la raíz del amor no puede brotar sino el bien».

El amor no es la licencia para hacer de todo, sino la fuerza que lo ordena todo, orientando y sosteniendo nuestra vida cristiana. Allí donde el amor arde la tentación no prende tan fácilmente, y viceversa; cuando languidece el amor, cedemos terreno al enemigo. La Escritura es clara al mostrarnos esto y darnos el remedio. En el huerto de Getsemaní, Jesús les dice a los tres discípulos que le acompañan: «Velad y orad para no caer en la tentación, pues el espíritu está pronto, pero la carne es débil»[8]. Nuestra debilidad se vence con un corazón vigilante. Debemos trabajar cada día en actos concretos de amor a Dios y a los demás, poniendo en el centro de nuestra vida el amor a Dios como principio y fundamento por el que vivir.

Pedirle al Señor que no nos deje caer en la tentación es tener presente el amor primero, ese que nos ha movido a emprender el camino de vuelta. La fe no consiste en aguantar por pura voluntad para cumplir unas normas, sino en mantener viva la llama del amor que ilumina y da sentido a todo lo que hacemos. La tentación la vence un corazón enamorado que pone en Dios, y solo en Él, su confianza.

---

8   Mateo 26, 41.

Uno de los peligros a evitar en el camino emprendido es el no saber aceptar nuestra debilidad y miseria, considerando la fidelidad a Cristo como una perfección de nuestras propias fuerzas. Quien así piensa cree no está siendo fiel si no es perfecto al cien por cien. Eso es un error. Ningún ser humano puede ser perfectamente fiel en todo momento. Se puede ser débil y fiel a la vez. Lo otro, en el fondo, no deja de ser una forma de soberbia. Debemos contemplar más la misericordia con la que Dios nos ama antes que hundirnos ante nuestra propia miseria. El perfeccionismo espiritual no es sano, tender hacia la perfección sí.

«¿Quién nos separará del amor de Cristo?»[9], se pregunta san Pablo. Su respuesta es contundente: ¡nada! Ninguna tentación rebaja ni lo más mínimo el amor que Dios tiene hacia nosotros. La vida espiritual no es un camino impecable, sino un combate por mantener viva la llama del amor.

2.6. María, fortaleza en la prueba

No tengas miedo a las pruebas. Para que la fe se fortalezca es necesario pasar por ellas. Una fe superficial, sin raíces o basada únicamente en los sentimientos suele quebrarse rápidamente ante las tentaciones. Dios nos

---

9 Romanos 8, 35.

pone a prueba para arrancar de nuestra alma todo lo que estorba en nuestra verdadera adhesión a Cristo. Así caen una a una muchas de las seguridades que no están ancladas en Dios porque, tarde o temprano, lo que no está construido sobre roca se desmorona. También se nos caen muchas veces personas en las que nos apoyábamos, demostrándonos que Dios es el único en quien podemos abandonarnos.

En este camino de purificación, la Virgen María aparece como Compañera y Madre. Ella no sustituye a Jesús, sino que nos conduce a Él. Su ternura hace posible la vuelta, con ese amor femenino que acoge antes de juzgar.

En el ámbito protestante, uno de los argumentos que se utiliza para no recurrir a la intercesión de María se basa en el siguiente razonamiento: Si tenemos directamente a Dios Padre, si podemos orar de manera natural con Jesús, y si se nos ha dado un Espíritu Santo a quien dirigirnos, ¿por qué la necesidad de rezar a alguien más? Esto también se lo he escuchado a personas dentro de la Iglesia católica. Pienso que, igual que se tiene un encuentro con Cristo, también se tiene con María, y quizás esas personas aún no lo han tenido.

Leyendo los libros de los Reyes del Antiguo Testamento, vemos que en tiempos de la dinastía del rey David el pueblo hebreo daba gran importancia a la figura de la reina. La reina era la madre del rey, no la esposa de este. Ser reina era un gran honor. Era a las reinas a las que se nombraba en la genealogía. Se sentaban en un trono, al igual que sus hijos, tal como leemos en este pasaje que hace referencia a Betsabé y a su hijo, el rey Salomón: «Betsabé entró donde estaba el rey Salomón para interceder en favor de Adonías. El rey se levantó a su encuentro, hizo una inclinación ante ella y tomó asiento en su trono. Dispuso otro para la madre del rey, quien tomó asiento a su derecha»[10]. Sentarse a la derecha es un símbolo de autoridad en la Escritura. Lo vemos también en el Salmo 45: «Hijas de reyes salen a tu encuentro, de pie a tu derecha está la reina»[11]. La voz de las madres era escuchada atentamente por los reyes. Así lo comprobamos en la continuación del pasaje de Salomón: «Expón tu ruego, madre, que no te volveré la cara»[12]. La reina madre además llevaba una corona, igual que el rey, símbolo de su realeza compartida. De esto encontramos un ejemplo en una profecía de Jeremías: «Di al rey y a la reina madre: Sentaos humillados en el suelo, pues ha caído de vuestras cabezas la corona de vuestra dignidad»[13].

---

10 1 Reyes 2, 19.
11 Salmo 45, 10.
12 1 Reyes 2, 20.
13 Jeremías 13, 18.

Cristo es Rey, y María, su Madre, la Reina. Ella tiene un lugar especial en el cielo, coronada al lado de su Hijo. Lo que Ella le pide a Jesús siempre es escuchado. ¿Por qué no darle a María la importancia que merece, tal y como se hacía con las madres de los reyes? ¿Por qué no recurrir a su intercesión en las peticiones que le hacemos a Dios Padre?

Confía tus pasos de vuelta a casa a María. Junto a Ella, con tu voz de hijo, repite lo que toca en este tramo del camino: «Tú que intercediste por mí para librarme del mal, no me dejes ahora caer en la tentación».

Oración

Padre Bueno,
de nuevo vengo a Ti en este camino de vuelta a casa,
en medio de las tentaciones que me dicen que vuelva atrás.

Tú que en el segundo día separaste
las aguas de arriba de las de abajo,
y pusiste un firmamento en medio de la confusión,
haz lo mismo en mi corazón.

Que tu palabra sea muralla firme
contra las aguas de la tentación,
que tu mano me sostenga cuando mi vocación tiemble,

y que no permita que lo turbio me arrastre lejos de Ti.
Tú conoces la fragilidad.
Por eso clamo:
«No me dejes caer en la tentación».

Jesús, Buen Pastor,
quiero conocerte como te conocen los que más te aman.

Tú que nos has dicho que tus ovejas conocen tu voz,
enséñame a escucharla en medio de los gritos del mundo,
y a no confundir tus pasos con los del ladrón.

Quiero seguirte, pero tropiezo con lo que me estorba:
afectos mal ordenados, miedos que me encadenan...
Purifícame como el oro se purifica en el crisol,
llámame a Ti y no me dejes retroceder.

Tú que venciste al tentador en el desierto,
sosténme en mi lucha diaria.

Espíritu Santo acrisolador,
Tú que eres fuego que quema lo impuro
y luz que todo lo revela,
entra en mi interior,
ilumina lo que estorba y ahoga tus enseñanzas,
purifica mis intenciones,

quita de mis labios la mentiras con que me excuso
y elimina de mis ojos la niebla que confunde el bien y el mal.

Hazme dócil, no rebelde;
lleno de amor, no de tibieza.
Ven, Espíritu de fuerza,
y guárdame de caer en la tentación.

María, Reina y Madre,
Tú que velas por tus hijos con ternura y firmeza,
acógeme bajo tu manto como a un hijo cansado
y muéstrame que tu Hijo es más fuerte que mis cadenas.

Tú que te mantuviste firme bajo la cruz
enséñame a resistir cuando la tentación me sacude.
Sopla sobre mí tu aliento de Madre,
consuélame como solo Tú sabes,
y guíame hacia la pureza de un corazón indiviso.

Madre fiel, Madre valiente,
ruega por mí, para que no caiga en la tentación.

Amén.

CAPÍTULO 3

PERDONA NUESTRAS OFENSAS

3.1. El padre del hijo pródigo

Seguimos con el camino de vuelta a casa, un camino que primero comienza pidiendo a Dios la liberación del mal; después, clamando que nos libre de la tentación para no volver a caer en ese mal. Pero el mal no solo lo sufrimos nosotros; también los demás pueden sufrir por culpa nuestra. Por eso, y en este camino comenzando desde la última petición, el siguiente paso que vamos a dar es el de la quinta petición del padrenuestro: «Perdona nuestras ofensas, como también nosotros perdonamos a los que nos ofenden»[14].

Cuando el hijo pródigo está llegando a la casa de su padre, su corazón está lleno de miedo y cargado con el peso de la culpa. Piensa que no merece nunca más ser hijo, sino esclavo. Cuando todavía está lejos, su padre lo ve y echa a correr hacia él. ¿Qué pensaría el joven al

---

14 Mateo 6, 12.

verlo? Quizás creyó que su padre le estaba esperando para algo malo, para pagarle con el mal que él había cometido. Así sería más fácil, no tendría ni que hablar, sufriría el castigo merecido por su irresponsabilidad e inmadurez. Sin embargo, cuando el padre llega junto a él actúa de un modo muy distinto: se le echa al cuello para cubrirle la cara de besos. Sin duda, eso tuvo que desarmar al hijo, pues sería lo último que esperara. Cuando alguien no se perdona a sí mismo, le resulta imposible pensar que aquellos a los que ha ofendido le vayan a perdonar. Más aún, el padre ha hecho todo eso sin que el hijo haya pedido perdón. Se ha adelantado.

Que el padre haga este gesto no es algo fortuito. No es que ese día estuviera por casualidad quitando las malas hierbas del jardín y de repente apareciera a lo lejos su hijo. Que el padre lo viera y se lanzara a darle un abrazo quiere decir que, jornada tras jornada, y durante el tiempo que su hijo había estado ausente, había estado esperando, atento al final del camino, a ver si su hijo aparecía. Cada mañana, con la esperanza de que el muchacho volviese a casa; cada noche, con la tristeza en de que tampoco en aquella ocasión había vuelto al hogar. ¡Qué duro para ese padre!

Y el hijo por fin habla: «Padre, he pecado contra el cielo y contra ti; ya no merezco llamarme hijo tuyo»[15]. Es

---

15 Lucas 15, 21.

el modo que tiene de pedir perdón: reconocer su culpa diciendo que ha pecado. No reclama nada, no busca excusas, no se justifica. Pone su vida miserable en las manos de su padre para que este la restaure con la misericordia del perdón.

Es bueno caer en la cuenta, y así enseñarlo a otros, que cada vez que en el padrenuestro decimos «perdona nuestras ofensas» no estamos haciendo una súplica abstracta, sino un clamor desde el fondo de nuestro corazón. Solo se pide perdón así cuando uno entiende el daño que ha hecho y cuando entiende lo buena y valiosa que es la persona a la que ha herido. Así es como se experimenta el dolor de los pecados —lo que llamamos en la Iglesia contrición perfecta—. La imperfecta también se da, se llama atrición, y consiste en pedir perdón por los pecados por temor a la condenación, y no tanto por amor. Pasar de la atrición a la contrición es una gracia que debemos pedir a Dios: «Dame, Señor, dolor de mis pecados. Concédeme conocer el amor que me tienes».

El camino del padrenuestro desde el final hasta el principio tiene sentido porque nos ayuda a pedir perdón por el mal cometido, al permitirnos caer en la cuenta del barro en el que estamos y hacernos conscientes de que en cualquier momento puede volver la tentación.

Cada vez que rezamos la petición del perdón de las ofensas en el padrenuestro somos ese hijo pródigo que llora abrazado al Padre. Cada vez que recibimos el perdón en la confesión, el Padre echa a correr hacia nosotros y con su abrazo nos restituye la dignidad manchada. Rezar esta petición es hacer vivo ese momento.

3.2. Perdón heroico

Esta petición tiene dos partes: (1) «perdona nuestras ofensas»; (2) «como también nosotros perdonamos a los que nos ofenden». El perdón cristiano requiere muchas veces de un gran heroísmo de corazón, que supera lo comprensible a los ojos del mundo. No hay petición auténtica si no hay decisión real de perdonar las ofensas. Perdonar es tomar la decisión valiente de amar en medio del dolor, de romper la lógica de la venganza, el rencor y la violencia. No es algo abstracto, sino muy concreto. El heroísmo de quien perdona es una luz para muchos de los que lo contemplan.

Un testimonio contemporáneo que ilustra un perdón de estas características es el de Erika Kirk, la viuda de Charlie Kirk, que fue asesinado el 10 de septiembre de 2025 en un acto público de debate en la UVU, la Universidad del Valle de Utah, por un disparo en el cuello de un francotirador. Miles de personas contemplaron con pánico el momento. Muchos de los asistentes estaban grabando con sus smartphones y los vídeos del asesinato llegaron a millones de personas en cuestión de minutos.

El homicida se llama Tyler Robinson. Es un joven de 22 años radicalizado por la ideología *woke*. La muerte de Charlie Kirk dejó huérfanos de padre a una niña de tres años y a un niño de un año. Desgraciadamente, esos niños podrán toparse fácilmente con los vídeos del asesinato de su padre cuando crezcan. La propia Erika relató lo que ocurrió esa misma noche: «Mi hija corrió a mis brazos y me preguntó: "¿Dónde está papá?". ¿Pero qué le dices a una niña de tres años? ¡Tiene tres años!».

Erika estaba acompañando a su marido cuando fue asesinado. Lo vio todo de cerca. Lo vio después muerto cuando lo besó en la morgue. Desde el día de su matrimonio hasta la noche anterior habían dormido juntos. Días después, en el memorial celebrado por su marido, Erika, que es católica y acude cada domingo a la parroquia cercana a su casa con sus hijos, dejó a medio mundo sobrecogido cuando subió al estrado y habló del asesino de su marido: «Nuestro Salvador dijo: "Padre, perdónalos, porque no saben lo que hacen". A ese joven, lo perdono porque es lo que Cristo hizo y lo que Charlie haría. La respuesta al odio es no odiar. La respuesta, lo sabemos por el Evangelio, es amar. Amar siempre. Amor por nuestros enemigos. Amor por quienes nos persiguen».

El perdón en privado ya es difícil, mucho más en público. Perdonar así es un don de Dios. No es algo que se pueda improvisar. Según vivamos cada día la fe, así enfrentaremos los momentos difíciles. Perdonar de un modo heroico no es un signo de debilidad, sino una demostración de fortaleza. Perdonar así es un desafío al cristianismo cómodo y bobalicón en el que nos instalamos a veces. Nadie es más libre interiormente que quien perdona, pues está haciendo lo mismo que Cristo hizo desde la cruz. Así exhortaba san Pablo a los efesios: «Sed buenos, comprensivos, perdonándoos unos a otros como Dios os perdonó en Cristo»[16]. Por eso, el día del memorial de su marido, Erika Kirk recordó estas palabras de Jesús poco antes de morir: «Padre, perdónalos, porque no saben lo que hacen»[17]. No hay mayor acto de entrega y de amor que la muerte de Jesús en la cruz perdonando a sus verdugos. Pidámosle a Dios lo siguiente: «Ayúdame a perdonar mis ofensas como tu Hijo ha perdonado a quienes le ofendían».

Perdonar a alguien no suprime la justicia, no impide que la ley se cumpla, no borra la responsabilidad del culpable. Eso sería una falsa caridad, una misericordia al margen de la justicia. Perdonar libera al que perdona del peso del rencor y de la oscuridad interna que este conlleva. Como dijo también la propia Erika Kirk: «No quiero que la sangre de ese hombre esté en mi cuenta.

16 Efesios 4, 32.
17 Lucas 23, 34.

Si un día me presento ante Jesús y Él me dice: "¿Ojo por ojo? ¿Así es como lo haces?", no quiero que eso me impida reunirme con Charlie en el cielo».

3.3. Restaurar la imagen y semejanza

Toda persona se parece a aquello que ama. Eso se ve muy bien en un matrimonio que se quiere, donde los cónyuges piensan igual, al menos en lo importante, actúan como un equipo, y les alegran y hacen daño las mismas cosas. Basta una mirada o un pequeño gesto de complicidad para que uno sepa lo que le sucede al otro. El amor es así, tiende a unir los corazones. Y esto no pasa solo con los matrimonios; sucede también entre los hijos y los padres, con los buenos amigos y, por supuesto, nos sucede con Dios.

El fin de nuestra fe es que nuestro corazón sea cada vez más parecido al de Jesucristo. En nuestro bautismo se sembró en nosotros una semilla. Yo lo compararía con un Jesús en miniatura que está llamado a crecer, de manera que toda nuestra vida sea configurada con Él. Los frutos de la conversión se ven claramente cuando la persona siente y padece el bien y el mal cada vez más como Cristo, piensa y discierne con los criterios de Cristo y actúa como Él. La fe va transfigurándolo todo en nosotros, de manera que Cristo va siendo cada vez más el principio y fundamento de nuestra vida. ¡Primero Dios!

Vivir con fe significa dejar que la presencia amorosa de Dios lo impregne todo en nosotros. Ese es el mejor modo de dejar de obrar según las apariencias y de tener unidad de vida.

El hijo pródigo era amado por su padre, pero no correspondía a ese amor. Por eso, aunque estaba hecho a su imagen y semejanza, no se le parecía. Su corazón había estado puesto en los bienes y riquezas de su padre. ¿Se perdonaría a sí mismo algún día? Solo si era capaz de acoger primero el perdón de su progenitor. Y es que solo quien tiene experiencia del perdón puede perdonar después, y perdonarse, por los males causados. Al acoger el perdón, nuestro corazón se empieza a parecer un poco más al de Dios.

La Palabra de Dios nos enseña que Dios hizo a sus hijos a su imagen y semejanza. «Dijo Dios: "Hagamos al hombre a nuestra imagen y semejanza; que domine los peces del mar, las aves del cielo, los ganados y los reptiles de la tierra". Y creó Dios al hombre a su imagen, a imagen de Dios lo creó, varón y mujer los creó»[18]. Lo que hace el pecado cuando nos alejamos de Dios es quebrar esa imagen y semejanza dentro de nosotros —no destruirla, ojo—. Igual que el amor verdadero nos transfigura, el pecado nos desfigura. El demonio viene

---

18 Génesis 1, 26-27.

a engañarnos para que pequemos. Quiere alejarnos del Padre con un engaño muy sutil: «Es que Dios sabe que el día en que comáis de él, se os abrirán los ojos, y seréis como Dios en el conocimiento del bien y el mal»[19], le dijo la serpiente a Eva. Pero si ya somos semejantes a Dios, ¡cómo pecar va a hacernos aún más semejantes! El pecado lo que hace es distorsionar y deteriorar esa imagen de Dios que somos, generando una ruptura con Él, con los demás y con nosotros mismos.

Ante esta situación tan crítica, Dios nos ha dado un remedio: su perdón, su abrazo misericordioso que restaura la imagen y la semejanza con su corazón que estaban dañadas. A través del perdón de Dios, somos de nuevo semejantes a Quien y para Quien estamos hechos. Por medio del amor de Dios, nuestro corazón se va pareciendo cada vez más al Suyo. Desde el interior todo es transformado y brota hacia el exterior.

En una ocasión en que invitaron a Jesús a comer y el anfitrión se escandalizó porque no se había lavado las manos, Jesús dijo: «Vosotros, los fariseos, limpiáis por fuera la copa y el plato, pero por dentro rebosáis de rapiña y maldad. ¡Necios! El que hizo lo de fuera, ¿no hizo también lo de dentro?»[20]. Con esto subrayaba la

---

19 Génesis 3, 5.
20 Lucas 11, 39-40.

importancia de limpiar primero nuestro interior y así brillarán también nuestras obras externas. Pero para que esto sea posible, es necesario dejarse limpiar, es decir, dejarse perdonar por el amor misericordioso de Dios. El problema de los fariseos era su actitud soberbia y autosuficiente, que les impedía ver que ellos necesitaban el perdón de Dios tanto como los publicanos, a los que despreciaban.

3.4. El salmo de tu vida

El amor misericordioso de Dios es un latido constante a lo largo de toda la Sagrada Escritura. Dios es un Padre que ama con un amor tierno y fuerte a la vez: «¿Puede una madre olvidar al niño que amamanta, no tener compasión del hijo de sus entrañas? Pues, aunque ella se olvidara, yo no te olvidaré»[21]. Las entrañas de Dios son el lugar de la compasión, donde nuestras miserias se convierten en ocasión de su misericordia. Es un amor que se conmueve al ver nuestras heridas, que baja a lo profundo de la fosa para sacar de allí al caído: «Dios, rico en misericordia, por el gran amor con que nos amó, estando nosotros muertos por los pecados, nos ha hecho revivir con Cristo —estáis salvados por pura gracia—»[22].

---

21 Isaías 49, 15.
22 Efesios 2, 4-5.

En el rostro de Jesús ese amor se hace visible. El Señor toca a los leprosos, entra en casa de los pecadores, come con las prostitutas, llora ante la tumba de su amigo Lázaro y perdona a sus enemigos mientras está clavado en la cruz.

Es posible que a lo largo de tu vida te hayas sentido como ese leproso, ese pecador, esa prostituta y tantos otros que fueron tocados por el amor de Jesús. En tu caso, como en el mío, también el amor misericordioso de Dios es un latido constante a lo largo de nuestra historia.

Comienza el salmo 136 con estas palabras: «Dad gracias al Señor porque es bueno: porque es eterna su misericordia. Dad gracias al Dios de los dioses: porque es eterna su misericordia»[23]. A continuación, hace un repaso de la historia de la salvación, empezando por la creación y continuando por la historia del pueblo de Israel saliendo de Egipto, cruzando el Mar Rojo perseguido por sus enemigos, vagando por el desierto durante cuarenta años y conquistando la tierra prometida. Hay una idea muy clara que se repite en todo el salmo: «En nuestra humillación se acordó de nosotros: porque es eterna su misericordia»[24]. El pueblo hebreo tiene conciencia

---

23 Salmo 136, 1-2.
24 Salmo 136, 23.

de que la misericordia de Dios recorre toda su historia. Saben que la mano providente de Yahvé está siempre con ellos, acompañándolos de un modo especial en los momentos en los que más sufren.

¿Y tú? ¿Puedes ver la mano providente de Dios en tu vida? ¿El amor misericordioso con el que te acompaña siempre? Quiero invitarte a que hagas una oración y le pidas a Dios luz para reconocer su mano en las distintas vivencias de tu historia, tanto buenas como malas. Estoy seguro de que habrás atravesado momentos muy dolorosos, pero puedes tener la certeza de que Dios nunca ha estado lejos de ti y de que se servirá de todo lo que te ha ocurrido para tu salvación. Dios no quiere el mal, pero incluso de él puede sacar bien. También en tu caso.

Después, te animo a reescribir este salmo 136 aplicándolo a tu vida, poniendo los acontecimientos primero y luego la terminación «porque es eterna su misericordia». Es posible que te cueste un poco. Para escribir algunas partes necesitarás más tiempo y oración que para otras, pero es sanador descubrir que tu historia está bien hecha, no porque todo te sea favorable siempre, sino porque Dios la va llevando. Es su amor el que nos rescata, el que transforma nuestra vergüenza, el que sana nuestros miedos. Un amor con entrañas de misericordia que no se rinde jamás.

3.5. Aprovechar el mal

Santa Teresa del Niño Jesús afirma en sus escritos que todo es gracia. Y es cierto, aunque no siempre lo sepamos o lo podamos ver de inmediato. Desde luego que el mal no puede ser una gracia, pero si nos encomendamos a Dios, Él puede sacar cosas buenas para nosotros. Desde luego que el pecado no puede ser una gracia, pero no por eso Dios deja de amarte en su misericordia y Él continuará luchando a tu lado para recuperarte. Recuerda que su amor por ti no depende de lo que hagas, sino de quién eres: su hijo.

Podemos aprender a mirar con ojos de fe todas las situaciones de nuestra vida, particularmente las más duras y difíciles. De esta manera también el pecado, siendo algo trágico y horrible, pueda llegar a servir de provecho si acaba transformándose, con la gracia de Dios, en ocasión de hacernos más humildes, más capaces de pedir perdón y de aprender de los errores cometidos para crecer en la virtud.

Recuerdo que la historia de Tim Guénard, que leí siendo seminarista, me marcó profundamente. Tim Guénard es francés y nació a finales de los años 50 en una familia rota. Cuando tenía apenas tres años, su madre, que se sentía incapaz de cuidar de él, lo abandonó, dejándolo atado a una farola a las afueras de París con una nota colgada del cuello: «Por favor, cuiden de mi hijo». El pequeño Tim estuvo mucho tiempo allí, llorando, hasta que una persona lo encontró y lo llevó a la policía, que a su vez se lo entregó a su padre, un hombre alcohólico y muy violento que le pegaba fuertes palizas. En una de ellas, lo golpeó con una silla hasta dejarlo inconsciente. Los vecinos llamaron a la policía y Tim fue trasladado a un hospital con pronóstico muy grave. Pasó dos años ingresado. Durante ese tiempo fue operado en múltiples ocasiones para reconstruir su cuerpo destrozado y no recibió ni una sola visita. Al salir fue pasando por distintos orfanatos, familias de acogida y centros de menores en los que se repitieron los golpes y el abandono. A los 13 años escapó y terminó viviendo en las calles de Paris, robando para poder comer. Él mismo cuenta que sentía un gran odio y rabia hacia Dios y hacia toda la sociedad. Nadie le había querido nunca. Empezó a boxear para vengarse de su padre. En medio de aquella oscuridad, Tim recuerda que escuchó una voz interior, que identificó con Dios, que le decía que su vida no estaba destinada al odio. Eso, y el amor de unas personas que conoció después y que no se escandalizaron de él, fueron decisivos para su sanación. Un sacerdote le trató bien cuando entró a robar en una iglesia, una monja escuchó sus delitos sin escandalizarse, una familia lo acogió como a un hijo, una chica lo miró con amor —más tarde se convertiría en su esposa—...

Yo sabía que Tim Guénard vivía cerca de Lourdes. Aproveché uno de mis viajes al santuario para tratar de encontrarle. Nadie sabía decirme dónde vivía, pero entonces ocurrió algo increíble. El día que regresaba a España se me ocurrió buscar en Google Maps y descubrí que alguien había marcado en lo alto de una montaña una ubicación que decía: «La maison de Guénard». Me puse en camino. Era un trayecto terrible hacia arriba y casi me cargo los bajos del coche, pero efectivamente, allí había una casa. Me abrió la puerta una mujer que resultó ser la esposa de Tim Guénard. Me dijo que no era frecuente que acudiera gente por allí, pero que Tim siempre recibía a los sacerdotes. Verle fue muy emocionante. Le di un abrazo. Tenía una oreja desfigurada debido a una de las palizas que de niño le dio su padre. No recuerdo de qué hablamos, salvo una cosa que me dijo y se me quedó muy grabada en el corazón: «Yo fui un niño abandonado, golpeado y humillado, pero descubrí que el amor de Dios era más fuerte que todo eso. El perdón me hizo libre».

Hoy, Tim Guénard se dedica a acoger, ayudar y acompañar a jóvenes que han vivido situaciones como la suya. Da conferencias sobre el perdón en las que cuenta su testimonio y ha escrito un libro sobre su vida. Impresiona escuchar su testimonio y cómo el amor de Dios le cambió, hasta el punto de que pudo perdonar a su padre y a todos los que le hicieron daño. Él mismo cuenta en su testimonio cómo «allí, atado a la farola, pensé que nadie me quería, pero hoy sé que Dios estaba conmigo, que nunca me soltó. Aquella farola que iluminaba la calle era mi luz, la única que quedaba encendida para mí, Jesús».

Verdaderamente, Dios saca bien incluso de las experiencias más duras. Nadie comprende mejor al que sufre que quien ha sufrido lo mismo. Por eso, nuestras heridas sanadas pueden ser cauce de sanación para otros.

3.6. María, Inmaculado Corazón del perdón

La misericordia de Dios Padre, que perdona nuestros pecados, y de Jesús, que perdona a sus verdugos, se manifiesta también en María, Madre de Dios y Madre nuestra. La Virgen María refleja con una pureza única el rostro de Dios, que no nos condena, sino que nos acoge y levanta. Nosotros, que tenemos una cruz que nos hace sufrir, no podemos amarla si no amamos al Crucificado que está en ella. Dios está en nuestros padecimientos y es la Virgen María, que estaba a los pies de Jesús en el Calvario, quien mejor nos puede ayudar a verle: «Junto a la cruz de Jesús estaba su madre»[25]. Allí, cuando todo parecía perdido, en el lugar en el que la humanidad estaba descargando su odio contra el mayor de los inocentes, María estaba respondiendo a los ataques igual que Jesús: con el perdón y la fidelidad a Dios en silencio, en medio del dolor.

María es Madre del perdón porque sabe mirar más allá del pecado y ver la miseria humana. No justifica el mal, pero ama al pecador. En el Calvario, María escuchó las palabras de Jesús: «Padre, perdónalos, porque no saben lo que hacen»[26]. Nadie como Ella comprende el alcance de esa petición. Ella nos enseña en la cruz que el perdón transforma las mayores injusticias en misericordia. Su Corazón Inmaculado no guarda rencor a los hombres, que tanto hacen sufrir a su Hijo. Y precisamente porque es Inmaculado triunfará.

Uno de los mensajes más conocidos de las apariciones de la Virgen María en Fátima es el de la tercera aparición, que tuvo lugar el 13 de julio de 1917. Ese día, la Virgen dijo a los pastorcitos: «Si atienden mis peticiones, Rusia se convertirá y habrá paz; si no, esparcirá sus errores por el mundo, promoviendo guerras y persecuciones a la Iglesia. Los buenos serán martirizados, el Santo

---

25 Juan 19, 25.
26 Lucas 23, 34.

Padre tendrá que sufrir mucho, varias naciones serán aniquiladas. Por fin, mi Inmaculado Corazón triunfará». Es la misma idea que venimos desarrollando a lo largo de todo este capítulo: Dios saca bien y esperanza incluso de la oscuridad.

María es la gran Intercesora para la victoria definitiva de su Hijo. En Fátima Nuestra Madre enseña que el perdón es la vía para la paz y la conversión de los corazones. Desde el primer momento, a los pastorcitos les pide oración, sacrificio y reparación, ofrecidos por el perdón de los pecados y la salvación del mundo. Sus mensajes no son para asustarnos, sino para abrir un camino de misericordia y de esperanza. Hay que tomarlos con total seriedad y verdad, sabiendo que no dicen nada que Jesús no haya dicho ya: «Si no os convertís, todos pereceréis lo mismo»[27].

Nuestro corazón, aunque herido y debilitado por los pecados, puede abrirse al amor que redime y perdona. Fátima nos enseña que la victoria sobre el mal no está predeterminada, que podemos dar una respuesta afirmativa a la llamada de Dios a nuestra salvación. Al pedir perdón por nuestros pecados y perdonar a otros, estamos colaborando con la victoria definitiva de Dios sobre el mal.

---

27   Lucas 13, 3.

El Corazón Inmaculado de María es el modelo al que parecerse. Dios quiere reinar en nuestros corazones, como ya reina en el de María. Su triunfo comienza en ti. Cada oración y ofrecimiento que realizas en reparación por los pecados es una semilla de paz para que Dios pueda sacar frutos de misericordia para el mundo. El Corazón Inmaculado de María nos muestra que el perdón no es una cuestión de fuerza humana, sino un don de Dios que Ella nos ayuda a recibir y a dar para que al final la luz venza a la oscuridad.

Cuando Jesús pronunció las palabras de perdón en la cruz, María callaba. Contemplar a María en el Calvario nos ayuda a descubrir que el perdón no siempre se expresa con palabras; también es posible perdonar desde el silencio del corazón, de rodillas, sosteniendo a quien sufre una injusticia y siguiendo los enseñanzas de Jesús, que nos exhorta a no responder al mal con la venganza. María en la cruz es fuente de consuelo para los que han sido heridos por el pecado y buscan volver al Padre. Puedes pedirle a María la gracia de mirar como Ella, y puedes aprender de Ella a estar junto a Jesús ofreciendo el perdón. Recuerda lo que le dijo María a Lucía en la segunda aparición: «No te desanimes. Yo nunca te dejaré. Mi Inmaculado Corazón será tu refugio y el camino que te conducirá hasta Dios».

Oración

Padre Bueno,
de nuevo vengo a Ti,
en este camino de vuelta a la casa de tu amor,
necesitado de tu misericordia y tu perdón.

Tú que en el tercer día de la creación hiciste brotar la vida,
haciendo surgir el verdor y los frutos de la tierra,
haz que también en mi corazón florezca tu misericordia.
Que tu perdón sea el bálsamo que alivie mis heridas
y transforme lo seco en fértil,
para que todas mis oscuridades den paso a tu luz.

Tú que perdonas nuestras ofensas cada día,
no permitas que el rencor eche raíces en mi alma.
Enséñame a perdonar como Tú perdonas.
Que mi mirada no se detenga en la ofensa,
sino en la necesidad de quien me ha herido.

Jesús, Hijo amado del Padre,
Tú que perdonaste a tus verdugos en la cruz,
enséñame a imitar tu amor,
que es más fuerte que el odio.

Que mis heridas no se conviertan en armas,
sino en auxilios de gracia para otros.

Tú que tomaste sobre Ti todos los pecados del mundo
y los transformaste en perdón,
ayúdame a mirar a los que me hieren
con ojos de compasión.
Que la justicia de mi corazón se llene de ternura,
que mis palabras, gestos y silencios
sean canales de reconciliación.
Que en cada ofensa pueda levantarme imitando tu perdón,
que no tiene límites.

Espíritu Santo, fuego que purifica y luz que revela,
entra en lo más profundo de mi corazón
y muéstrame todo aquello
que me impide perdonar y perdonarme.

Quema todo orgullo, toda amargura y todo miedo
que me aleje de la misericordia de Dios.
Hazme dócil,
para que pueda recibir la gracia de perdonar,
lléname de paz interior
y dame libertad de corazón frente a los males recibidos.

María, Madre del perdón,
Tú que conservaste tu Corazón Inmaculado
libre de rencor y de odio,
enséñame a imitar tu ternura.

Tú que estuviste junto a Jesús en la cruz,
permaneciendo firme y amorosa,
acompáñame cuando la tentación del resentimiento me aceche.

Madre fiel y valiente,
intercede por mí ante tu Hijo
para que mi corazón se abra al perdón
y aprenda a mirar al que me hiere con compasión y paciencia.

Que el ejemplo de tu amor inmaculado inspire mi vida,
que cada día mis palabras y actos reflejen la misericordia
que Tú recibiste del Padre.

Amén.

CAPÍTULO 4

DANOS HOY NUESTRO PAN
DE CADA DÍA

4.1. El hijo pródigo en el banquete

El camino del hijo pródigo tenía un destino seguro: ¡por fin está en casa! Pero su padre no quiere que se limite a entrar e irse a su habitación. ¡Desea celebrar su vuelta!

El perdón y la reconciliación continúan después con la celebración de un banquete. Estamos en la cuarta petición del padrenuestro, justo la central: «Danos hoy nuestro pan de cada día»[28]. Es la petición que sostiene todas las demás. Si relacionamos esta petición con la parábola del hijo pródigo, vemos que Jesús está poniendo en el centro el pan nuestro de cada día, la Eucaristía, el banquete por excelencia.

El perdón no termina con el abrazo, sino que culmina en un banquete. El hijo pródigo estaba tan avergonzado

---

28 Mateo 6, 11.

81

que le dice a su padre: «Padre, he pecado contra el cielo y contra ti; ya no merezco llamarme hijo tuyo»[29], pero el padre no quiere ni oír hablar de eso. Está tan contento con el regreso de su hijo que hace un gesto que a algunos les podría parecer desproporcionado (de hecho, al hijo mayor se lo parece): organiza un banquete en el que, además de matar al mejor ternero, ordena que vistan a su hijo con las mejores galas.

Continúa así la parábola: «El padre dijo a sus criados: "Sacad enseguida la mejor túnica y vestídsela; ponedle un anillo en la mano y sandalias en los pies"»[30]. El amor del padre se desborda. No tiene límites. Al ver a su hijo con ropas andrajosas y malolientes, el padre, que al perdonarle ha restaurado su dignidad interna, muestra ese restablecimiento también con signos externos. ¿Hay algo que tenga el hijo pródigo que no sea un don? Es impagable. Ni en mil vidas podrá devolver lo que ha recibido del padre al volver a casa.

Dice san Pablo: «Donde abundó el pecado, sobreabundó la gracia»[31]. Este versículo, breve y poderoso, condensa el misterio del amor de Dios. No nos habla de un equilibrio donde el mal y el bien se compensan, sino de una sobreabundancia por la que el bien supera al mal

---

29 Lucas, 15, 21.
30 Lucas 15, 22.
31 Romanos 5, 20.

hasta extremos infinitos. Donde el hombre destruye, Dios construye; donde el hombre se aleja, Dios atrae; donde el hombre muere, Dios resucita. La misericordia no solo repara el mal, sino que se recrea en el bien; no solo limpia, sino que añade belleza; no solo borra el pasado, sino que abre un futuro esperanzador. Con el banquete se expresa la alegría de que el mal no tiene la última palabra y puede ser vencido.

La Eucaristía es ese banquete en el que, para recibir la comunión, debemos estar en gracia, es decir, sin pecados mortales. Si los hubiere, es necesario pedir perdón y confesarlo antes. En cada Eucaristía, Dios nos invita a alimentarnos con el pan de cada día. Por medio de ella entramos en estrecha comunión con Él y con los hermanos. Comulgar no es un acto individual, sino una gran comunión de hijos pródigos reconciliados que han regresado a casa. Quienes estábamos lejos por el pecado, volvemos a ser uno en el Cuerpo de Cristo, tal como Jesús dijo: «Que todos sean uno, como Tú, Padre, en mí, y yo en Ti, que ellos también sean uno en nosotros, para que el mundo crea que Tú me has enviado»[32]. El altar se convierte así en el lugar del abrazo del Padre, donde nos reunimos los que incesantemente pedimos alimentarnos con el pan de cada día.

---

32 Juan 17, 21.

4.2. De túnicas, anillos y sandalias

Las vestiduras y adornos que le ponen al hijo pródigo tienen un significado muy especial. La túnica, el anillo y las sandalias son tres dones en los que vemos los signos del amor de predilección que Dios tiene por cada uno de nosotros.

La túnica hace referencia a nuestro bautismo. A cada uno de nosotros, tras recibir el agua bautismal en el nombre del Padre y del Hijo y del Espíritu Santo, nos dijeron: «Eres ya nueva criatura y has sido revestido de Cristo. Esta vestidura blanca sea signo de tu dignidad de cristiano. Ayudado por la palabra y el ejemplo de los tuyos, consérvala sin mancha hasta la vida eterna»[33]. En ese momento, nuestros padres o padrinos nos pusieron un vestido blanco. A los que se bautizan de adultos, lo que se les pone es un alba blanca. El blanco significa la vida nueva que recibimos en el bautismo, limpia de toda mancha. El bautismo nos hace inmaculados: borra las manchas de nuestros pecados. En el caso de los bebés, borra la mancha del pecado original y los hace hijos de Dios.

La túnica del hijo pródigo simboliza el perdón de su padre. Toda mancha producida por el acto egoísta de rechazar el amor de su progenitor, el haber pedido la

---

33 Ritual del Bautismo.

herencia y haberse marchado de casa ha quedado borrada de la vida del hijo. La túnica que los criados le ponen simboliza la vida nueva que comienza para él. Bien vestido, el hijo ya puede participar en el banquete.

El anillo simboliza que la alianza que Dios ha hecho con nosotros es eterna. Una alianza es un compromiso firme de fidelidad que se da entre las personas. El amor mutuo sostiene esa promesa. En la Sagrada Escritura, Dios, que ama infinitamente a su pueblo, hace varias alianzas con él. Primero con Noé, dejando un signo, el arcoíris; después con una familia, la de Abraham, con el recordatorio simbólico de la circuncisión; la siguiente es con todo el pueblo de Israel, a través de Moisés, con el símbolo de las tablas de la Ley; la cuarta alianza es de nuevo con el pueblo hebreo a través del rey David, con el símbolo de la dinastía eterna prometida; la última es con todos los pueblos, a través de la muerte de Jesús, con el signo de la sangre derramada para el perdón de nuestros pecados.

En la confesión, esa sangre es la que limpia nuestra túnica manchada, la «sangre de la Alianza nueva y eterna».

Una alianza no es lo mismo que un contrato. La principal diferencia es que el contrato se rompe cuando una de las dos partes incumple alguna de las condiciones firmadas, pero las alianzas, y más las que se hacen con

Dios, no se rompen. Por eso, aunque nosotros pequemos y seamos infieles a Dios, Él permanece fiel siempre. ¿Te das cuenta de que a los anillos de los esposos se les llama alianzas? También en el matrimonio se hace una promesa tan grande que es indisoluble. Y un anillo es lo que le da el padre al hijo pródigo. Por medio de él le está diciendo: «Hijo, aunque tú has sido infiel, yo te sigo queriendo y siempre lo haré».

Las sandalias simbolizan la libertad que Dios nos da para amarle o rechazarle. En el mundo antiguo los esclavos iban siempre descalzos, mientras que los hombres libres llevaban sandalias. En el Antiguo Testamento, cuando Dios va a liberar al pueblo hebreo de la esclavitud, les manda calzarse: «La cintura ceñida, las sandalias en los pies, un bastón en la mano»[34]. Y al contrario, cuando Jesús envía a sus discípulos a evangelizar, les manda descalzarse: «No llevéis bolsa, ni alforja, ni sandalias»[35], indicando así que los cristianos estamos para servir al prójimo.

Con toda probabilidad, el hijo pródigo salió calzado de casa, pero volvió descalzo. El que era libre se había hecho esclavo. Pero ahora su padre pide que le pongan las sandalias y le restituye la libertad perdida, ofreciéndole de nuevo su total confianza. Con esas sandalias el

---

34 Éxodo 12, 11.
35 Lucas 10, 4.

joven podía marcharse otra vez si quería por los caminos de perdición, pero es que el amor de Dios tiene eso: nos deja libertad para corresponderle o para darle la espalda. Eso es lo que hace tan especiales las alianzas de amor: que respetan la libertad.

4.3. Banquete de bodas

El banquete en la casa del padre recuerda a otra de las parábolas de Jesús, aquella en la que compara el cielo con un banquete de bodas. Empieza así: «El reino de los cielos se parece a un rey que celebraba la boda de su hijo»[36]. En esa celebración, el rey estaba muy contento por la alegría del casamiento del hijo. Todo estaba preparado. Había matado a los mejores terneros y había mandado emisarios para llamar a los convidados, pero estos no quisieron acudir. El rey dijo entonces a sus sirvientes: «La boda está preparada, pero los convidados no se la merecían. Id ahora a los cruces de los caminos y a todos los que encontréis, llamadlos a la boda»[37]. Habrá boda y banquete, y si los súbditos más cercanos no quieren ir, vendrán otros. ¿Quiénes son los que están en los cruces de los caminos? Suelen ser lugares en los que hay de todo: personas buscando el camino de vuelta a casa, pobres y tullidos pidiendo limosna, prostitutas en

---

36 Mateo 22, 2.
37 Mateo 22, 9.

espera de alguna ganancia, etc. Y estos, los más insospechados, responden afirmativamente, emprendiendo el camino desde su pobreza hasta la casa del rey para sentarse a su mesa. Así es como el banquete del hijo del rey se llena de hijos pródigos.

Pero aún tiene que ocurrir algo más. En ese banquete de bodas, hay un código de vestimenta que cumplir a rajatabla: es imprescindible llevar traje de fiesta. «Cuando el rey entró a saludar a los comensales, reparó en uno que no llevaba traje de fiesta»[38], continúa la parábola. Y cuenta Jesús que el que no llevaba puesto el traje fue expulsado del banquete. ¿Tiene esto lógica? ¿Qué padre va a echar de la boda de su hijo a un invitado por no llevar chaqueta y corbata? Tiene lógica si nos damos cuenta de que el traje de fiesta es la gracia que recibimos en el bautismo y los invitados al banquete de bodas del reino de los cielos tienen que llevarlo limpio para poder participar. Dios no deja de amarnos cuando pecamos, pero si queremos recibirle en el banquete de la Eucaristía debemos lavar nuestro vestido mediante el perdón de los pecados. Los cristianos no somos gente perfecta, pero ser miembros de la Iglesia nos pone en un camino de perfeccionamiento en el que podemos recibir la ayuda de la gracia. Lo que no podemos hacer es saltarnos los pasos

---

38 Mateo 22, 11.

del camino o adaptarlo a nuestra conveniencia, y eso es lo que hace el comensal que es arrojado fuera del banquete.

¿Has fracasado alguna vez en tu vida? Yo también. Y no una, sino muchas veces. He diseñado proyectos que luego han salido mal, me he propuesto metas que no he logrado alcanzar, he sufrido decepciones de personas a las que quería mucho, y también he decepcionado a otras... Todo eso me duele y me sirve para tener presente que en esta vida fracasamos a menudo. No podemos alcanzar la perfección en este mundo. En nuestro peregrinar hemos de perdonar y pedir perdón con frecuencia, y trabajar virtudes como la prudencia, la templanza, la fortaleza y la esperanza para avanzar sin perder el ánimo hacia la meta del banquete eterno: el cielo. Es ahí donde, con la ayuda de Dios, no hay que fracasar. En esta vida se fracasa y se puede volver a empezar, pero lo verdaderamente malo es fracasar en el juicio final. Por eso es tan importante cuidar el vestido bautismal y evitar que, llegado ese momento, esté lleno de manchas, lo que nos remite a estas palabras del Evangelio: «Porque muchos son los llamados, pero pocos los elegidos»[39].

4.4. Eucaristía: fuente y culmen de la vida cristiana

La Eucaristía es el cielo aquí en la tierra. En cada Misa se actualiza y hace presente de nuevo el sacrificio de Cristo

---

39 Mateo 22, 14.

en la cruz. Según Scott Hahn, el apóstol san Juan está describiendo la victoria definitiva de Jesús al final de los tiempos como una Eucaristía: «Vi una muchedumbre inmensa, que nadie podría contar, de todas las naciones, razas, pueblos y lenguas, de pie delante del trono y delante del Cordero, vestidos con vestiduras blancas y con palmas en sus manos. Y gritan con voz potente: "¡La victoria es de nuestro Dios, que está sentado en el trono, y del Cordero!"»[40].

La muchedumbre inmensa que nadie podía contar son todos los hijos pródigos rescatados que están ya junto al Padre. El trono aquí en el mundo lo vemos en forma de cruz, desde donde Cristo reina. El Cordero es Jesús, como anunció san Juan Bautista al comienzo de su vida pública: «Este es el Cordero de Dios, que quita el pecado del mundo»[41]. La muchedumbre incontable va vestida con vestiduras blancas —el traje adecuado para el banquete, que ya hemos visto que es la vestidura sin mancha del bautismo— y llevan en sus manos las palmas que simbolizan el martirio. Han entrado en la vida eterna al precio de su vida terrenal. Un anciano que allí había se lo explica a san Juan: «Estos son los que vienen de la gran tribulación: han lavado y blanqueado

40 Apocalipsis 7, 9-10.
41 Juan 1, 29.

sus vestiduras en la sangre del Cordero»[42]. Se entiende así mejor que cada vez que acudimos al sacramento de la confesión es la sangre de Cristo la que se derrama sobre nosotros y quita el pecado del mundo.

Hemos indicado al comenzar este capítulo que «danos hoy nuestro pan de cada día» es la petición central del padrenuestro, en estrecho paralelismo con la posición que ocupa la Eucaristía, que «es la fuente y el culmen de la vida cristiana»[43].

Jesús está realmente presente en la Eucaristía, como afirma el Catecismo de la Iglesia Católica: «En el Santísimo Sacramento de la Eucaristía están "contenidos verdadera, real y sustancialmente el Cuerpo y la Sangre junto con el alma y la divinidad de Nuestro Señor Jesucristo, y, por consiguiente, Cristo entero" (Concilio de Trento: DS 1651)»[44]. Él mismo dice: «Yo soy el Alfa y la Omega, el que es, el que era y ha de venir, el todopoderoso»[45].

Decir que la Eucaristía es *fuente* es reconocer todas las gracias que brotan de ella. En cada Eucaristía, Cristo se nos entrega por completo. Quien participa plenamente en el banquete eucarístico bebe del manantial de la vida

---

42 Apocalipsis 7, 14.
43 CEC 1324.
44 CEC 1374.
45 Apocalipsis 1, 8.

divina, recibiendo de él la fuerza necesaria para vivir según el Evangelio, amando a Dios y a los hermanos.

Decir que la Eucaristía es *culmen* significa afirmar que es la cima a la que se unen y desde la que se ordenan todos los demás sacramentos y obras de apostolado: «En ella se encuentra a la vez la cumbre de la acción por la que, en Cristo, Dios santifica al mundo, y del culto que en el Espíritu Santo los hombres dan a Cristo y por él al Padre (Instr. *Eucharisticum mysterium*, 6)»[46].Cada acto de fe, cada obra de caridad, cada oración, cada catequesis, cada ayuno, cada sacrificio, encuentran su pleno sentido en la Eucaristía, Jesús mismo. Él es el Pan de vida. En la Misa, la Iglesia alcanza su máxima expresión. Al mismo tiempo, y paralelamente, la vida del cristiano está llamada a ser una prolongación de la celebración eucarística, de modo que esta acabe impregnando toda su vida. Participar en la Eucaristía, por tanto, conlleva una transformación interior. No basta con asistir sin más: se trata de dejarse configurar con Cristo, de ser colaboradores de la gracia.

En el año 304, el emperador Diocleciano había prohibido a los cristianos tener las Escrituras y reunirse el domingo para celebrar la Eucaristía. En Abitina, una localidad del actual Túnez, un grupo de 49 cristianos

---

46   CEC 1325.

fueron sorprendidos celebrando juntos la Eucaristía un domingo. Rápidamente fueron arrestados y llevados a Cartago, donde fueron interrogados por el procónsul, quien les preguntó por qué habían quebrantado la prohibición. La respuesta de uno de ellos nos golpea y desafía aún en nuestros días: *Sine dominico non possumus*, («Sin el domingo no podemos vivir»). Aquellos cristianos prefirieron morir, después de soportar terribles torturas, antes de dejar de celebrar la Eucaristía. Sus verdugos les quitaron la vida, sin saber que en realidad se la estaban dando para siempre.

4.5. Banquete divino en medio de la basura

Cuando tenía 32 años, estuve durante unas semanas del mes de julio en Manila (Filipinas) con un grupo de jóvenes de mi diócesis aprendiendo y trabajando con niños huérfanos y discapacitados en una residencia-hospital de las Hijas de la Caridad. También trabajamos con hombres enfermos de distintas patologías y otros que se recuperaban de adicciones al alcohol y la droga en una casa de las Misioneras de la Caridad.

Estando allí me enteré de que, en un lugar de las afueras de la ciudad, había un sacerdote francés, el padre Matthieu Dauchez, que recogía a niños de la calle y les ayudaba a salir de las drogas y la prostitución. Por mucho que aquí en Europa elijamos algunos destinos para unas vacaciones de ensueño, la realidad es que fuera de los resorts es fácil encontrarse con zonas donde se ve a niños y niñas muy pequeños y totalmente drogados, deambulando por la calle y ofreciéndose a los turistas pederastas que acuden allí desde los países occidentales. Ver aquello era desolador. Había muchos niños huérfanos viviendo en los enormes vertederos de las afueras de la ciudad. Se dedicaban a recoger cosas de la basura que se pudieran aprovechar para después venderlas en los mercados, y comían y dormían allí mismo. El padre Matthieu salía a caminar por aquella zona para hablar con ellos, llevarles alimento y ofrecerles la posibilidad de alojarse en alguna de las casas de su obra para dejar esa vida y recibir cuidado y educación.

A una de esas casas nos dirigimos un día para conocerle y estar con los niños. Me impresionó mucho ver lo limpios y bien vestidos que estaban, y sus enormes sonrisas. Muchos tenían en la cara o los brazos alguna cicatriz que delataba los horrores que habían tenido que sufrir en el pasado. Su proceso de recuperación no era nada fácil. Algunos de ellos se escapaban para volver a la vida anterior y en ocasiones no se sabía nunca más de ellos.

En las casas del padre Matthieu, los niños recibían clases y ayuda terapéutica para sanar sus traumas de abandono, explotación y abuso físico y sexual. Dios era el centro de la vida en esa casa y el padre Matthieu les enseñaba a rezar y les daba los sacramentos. Cuando fuimos, nos invitó a participar en una Hora Santa con ellos. Recuerdo que le pregunté cómo hacía para transmitir la fe a unas criaturas tan rotas. «Yo no sé llevar a los niños a Dios, así que llevo a Dios a los niños. Por eso les expongo el Santísimo», me contestó. Recuerdo que se me caían las lágrimas escuchándolos cantar y rezar todos juntos a Jesús Eucaristía. Ellos habían sido llamados en los cruces de los caminos para sentarse delante del Cordero Celestial cuando todo el mundo estaba demasiado ocupado para dedicarle un tiempo a Dios; eran los sencillos que entrarían un día por la puerta estrecha: «En verdad os digo que, si no os convertís y os hacéis como niños, no entraréis en el reino de los cielos»[47]; eran los que llevaban un traje de fiesta sin mancha tras haber sido bautizados; eran los que, habiendo sido víctimas de los fracasos de un mundo que les había dado la espalda, estaban allí aprendiendo el camino a la vida eterna.

Mientras estábamos rezando, entró un policía. Yo me asusté, porque temí que le hubiera pasado algo a alguno de los niños que se habían fugado. Pero no había ningún motivo para alarmarse. El policía se puso a adorar al Santísimo y a cantar con los niños. Al acabar me dijo que

---

47 Mateo 18, 3.

él había sido uno de esos niños rescatados de la basura por el padre Matthieu y que iba allí todas las semanas para dar gracias a Dios y pedir ser bueno en su trabajo y con su familia. Aquel hombre era la prueba de que el camino del padrenuestro desde el barro al banquete es posible y que son muchos los que lo recorren.

No todos los niños deseaban ir a recuperarse a las casas. A la semana siguiente, fuimos con el padre Matthieu a uno de los vertederos y él expuso el Santísimo sobre un altar en medio de las montañas de basura. Recordé lo que me había dicho: «Yo no puedo llevar a los niños a Dios, así que...». Los niños empezaron a salir de entre los escombros y se pusieron de rodillas junto al sacerdote a alabar a Dios. Allí vi y recibí la bendición de Jesús más bonita de toda mi vida. El cielo se había hecho presente en la tierra, el banquete divino se estaba celebrando también incluso en medio de la basura.

4.6. María, Custodia de la Eucaristía

María es la primera Custodia del Cuerpo de Cristo. Ella fue la elegida del Señor. Por su sí a Dios, «el Verbo se hizo carne y habitó entre nosotros»[48]. Los sacerdotes ponemos las manos extendidas encima del pan y el vino, haciendo sombra sobre ellas. Entonces viene el Espíritu Santo y

---

48 Juan I, 14.

Jesucristo se hace presente. También el Espíritu Santo descendió sobre la Virgen y la fuerza del Altísimo la cubrió con su sombra; y entonces Jesús se hizo presente[49]. María adoraba a Jesús, oculto en su vientre, mucho antes de que nosotros adorásemos al Señor, oculto en los sagrarios. La primera procesión del Corpus Christi de la historia aconteció cuando «María se levantó y se puso en camino de prisa hacia la montaña, a una ciudad de Judá»[50] para ir a visitar a su prima Isabel.

La Virgen llevó en su seno la misma presencia que adoramos hoy en el altar. La Eucaristía viene a prolongar entre nosotros el misterio de la encarnación del Hijo de Dios; de hecho, cuando nos acercamos a comulgar María nos acompaña, porque sabe que en el pan y el vino está su Hijo, el mismo que Ella sostuvo en sus brazos al nacer y al bajar de la cruz.

Antes he contado la historia de persecución de esos 49 cristianos que no quisieron renunciar a la Eucaristía en tiempos de Diocleciano. Ahora me gustaría hablar de unos mártires de Japón, un país donde hubo grandes persecuciones e incontables martirios, especialmente a finales del siglo XVI y principios del XVII.

El cristianismo llegó a tierras japonesas en 1549 con san Francisco Javier y se extendió con rapidez. Sin

---

49 cf. Lucas 1, 35.
50 Lucas 1, 38.

embargo, pronto comenzaron las matanzas, especialmente de sacerdotes, para dejar sin sacramentos a los cristianos. Han llegado a nosotros testimonios de que, en la ciudad de Nagasaki, los laicos cristianos guardaban, ocultos en sus casas, pequeños sagrarios con el Cuerpo de Cristo que habían podido salvar. Como no podían comulgar, por no tener quien se lo diera (se habían quedado sin sacerdotes), se reunían diariamente a la hora en que antes celebraban la Misa y rezaban el rosario a la Virgen María. En ocasiones eran sorprendidos y morían allí mismo, con el Cuerpo de Jesús delante de ellos y el nombre de María en los labios. Los que no murieron mantuvieron la transmisión de la fe durante siglos, de generación en generación, hasta la vuelta de los sacerdotes. En Japón se les llamaba los *kakure kirishitan* («cristianos ocultos»). Ese tiempo en el que el cristianismo estuvo prohibido, de 1614 a 1865, fue para ellos un largo Sábado Santo, sin sacerdotes y, por tanto, sin Eucaristía. Pero ellos seguían reuniéndose en las casas a rezar el rosario. Solían tener pequeños altares con imágenes de Jesús y de María escondidos detrás de biombos —a menudo estaban representados con rasgos similares a los budistas para no levantar sospechas—. En esas reuniones, los participantes repetían las palabras de Jesús en la Última Cena (las de la consagración, que habían recibido de su antepasados mártires). La Virgen María fue la Iglesia, el sacerdote, el sacramento y la custodia de aquellos valientes cristianos. Creían que, mientras no hubiera sacerdotes, la Virgen María guardaría la presencia de Jesús en su corazón y los protegería hasta el final de la persecución.

Cuando en 1865 terminó la prohibición del cristianismo, unos misioneros franceses llegaron a Nagasaki y empezaron a construir una iglesia. Pensaban que allí ya no había cristianos, pero un grupo de campesinos se acercó temblando a ellos y, en voz baja, preguntaron a uno de los sacerdotes: «¿Dónde está la imagen de Santa María? Nosotros también tenemos el mismo corazón que ustedes». Los cristianos de aquella ciudad lloraron cuando pudieron volver a participar en la Eucaristía gracias a aquellos misioneros. Seguían sabiendo rezar el credo, el padrenuestro y el avemaría. Este es, sin duda, uno de los grandes acontecimientos de la historia de las misiones: el milagro de la fe transmitida sin sacerdotes y el auxilio de la Madre de Dios, que había sostenido a los cristianos japoneses durante siglos.

María nos enseña a vivir con hambre de Jesús, a aguardarle con esperanza, a custodiarle con fortaleza, a darlo a otros con caridad. Cada Misa es un gran sí a Dios y a su Madre. Pide a Nuestra Madre su intercesión para recibir cada vez, como si fuera la primera, la última y la única el pan eucarístico de cada día.

Oración

Padre Bueno,
gracias por permitirnos la entrada al banquete
después de recibir tu perdón.

Tú que en el cuarto día hiciste el sol,
haz que brille tu luz en mi alma para que no te olvide jamás.
Tú que en el cuarto día hiciste la luna y las estrellas
sé la Luz que guíe mi camino cuando la oscuridad me envuelva.
Que la claridad de tu luz separe lo efímero de lo eterno
y que mi vida descubra la belleza que solo Tú puedes dar.

Dame mi pan de hoy,
no solo el pan que sustenta el cuerpo,
sino el Pan vivo que alimenta el alma.

Jesús, Hijo amado del Padre, Pan vivo bajado del cielo,
Tú que has comparado el reino con un gran banquete de bodas,
recíbeme en tu mesa a pesar de mis ropas desgastadas,
y revísteme con el traje blanco de tu gracia
para que pueda entrar con alegría y pureza.

Concédeme, Jesús, la fuerza de los mártires
para amar incluso cuando me cueste la vida.

En medio de la basura del mundo,
de mis errores y de mi suciedad,
que tu amor se haga presente y germine la esperanza.

Que tu Cuerpo y tu Sangre sean mi sustento,
mi refugio y mi fuego,
y que aprenda a darme a los demás como Tú te das a cada uno.

Espíritu Santo, Aliento de vida,
ven y purifica mis sombras y mis miedos.
Que tu luz revele los lugares donde me escondo de Dios.
Reaviva en mí el hambre de la Eucaristía.
Que viva consciente de que cada comunión es un encuentro,
una renovación de la gracia que transforma mi vida
en terreno fértil para tu amor.

Guíame para que mi vida sea reflejo de la luz de Dios,
en todo momento y para todos los que me rodean.

María, Madre nuestra,
Tú que guardaste en tu seno al Pan que bajó del cielo,
acógeme bajo tu manto cuando me siento indigno y cansado.

Tú que dijiste sí para que el Verbo se hiciera hombre,
enséñame a permanecer en pie junto al altar de tu Hijo.

Que tu Inmaculado Corazón me recuerde
que siempre hay lugar en la mesa del amor de tu Hijo
y que la gracia de Dios puede transformar todo en un banquete.

Amén.

CAPÍTULO 5

HÁGASE TU VOLUNTAD

5.1. La vocación del hijo pródigo

¿Qué ocurrió después del banquete en la parábola del hijo pródigo? No lo sabemos, porque Jesús no continúa con la parábola, pero suponemos que el joven ya no es ese rebelde que exigía su parte de la herencia ni tampoco el mendigo que deseaba llenarse el estómago con la comida de los cerdos. Después del camino de regreso, el joven está preparado para hacer, no lo que él quiere, como ha hecho hasta ahora, sino para pedir: «Hágase tu voluntad en la tierra como en el cielo»[51].

Podríamos decir, para entendernos, que la voluntad de Dios tiene varios «niveles». Por un lado, hay una voluntad de Dios para la humanidad, por la que Dios «quiere que todos los hombres se salven y lleguen al conocimiento de la verdad»[52]. En esos designios de la providencia para la salvación de los hombres, y aunque nos

---

51 Mateo 6, 10.
52 1 Timoteo 2, 4.

resulte todavía un misterio, Dios permite el sufrimiento, y nosotros podemos ofrecerlo con valor redentor por la salvación del mundo. Dice san Pedro al respecto: «Por ello os alegráis, aunque ahora sea preciso padecer un poco en pruebas diversas; así la autenticidad de vuestra fe, más preciosa que el oro [...]»[53]. Eso no quiere decir que tengamos que buscar el sufrir por sufrir, sino que el sufrimiento que viene también entra dentro del designio salvador de Dios si nos unimos a Él en eso que nos duele y se lo ofrecemos.

Por otro lado, hay una voluntad de Dios particular para cada uno de nosotros: el camino por el que Dios nos llama a seguirle, entregándonos totalmente por amor. Esa llamada o vocación puede concretarse en una consagración de la propia vida a través de un sacramento, ya sea el matrimonio o el orden sacerdotal. La vocación particular está ordenada al nivel superior, es decir, a que nos salvemos y lleguemos al conocimiento de la verdad.

Para conocer la voluntad de Dios es necesario hacer un discernimiento previo, pero antes debemos conocer y saber bien quién es Dios, para así poder leer los acontecimientos de nuestra vida desde su Corazón. Una buena manera de saber quién es Dios es profundizar en lo que Él ha dicho de sí mismo y para ello lo mejor es acudir a

---

53   1 Pedro 1, 6-7.

beber de las fuentes: la Palabra de Dios, el Magisterio y la Tradición que la Iglesia ha custodiado durante siglos.

Mientras tanto, y para conocer la voluntad de Dios, debemos vivir aceptando los acontecimientos de nuestra vida con la mirada puesta en Él, sabiendo que Dios permite el sufrimiento para que podamos conocerle mejor y salvarnos. Porque hay algo peor que los acontecimientos negativos que a veces nos ocurren: no conocer a Dios y perdernos la salvación.

Volvamos por un momento a la parábola del hijo pródigo, que desde el primer momento había vivido en la casa de su padre y que decidió alejarse de él porque, en realidad, no había llegado a conocerle ni a amarle bien. El padre permitió que su hijo se marchara. Sabiendo lo mucho que el hijo sufrió después y lo larga que fue la espera de ese padre, podríamos preguntarnos: ¿Por qué tanta vuelta para volver al mismo sitio? ¿No podría el padre haberlo hecho de otra manera? ¿No podría haberle explicado los riesgos del camino y haber impedido que se fuera?

Lo mismo ocurre con Dios. Él respeta tanto nuestra libertad que nos permite decirle que no y vivir a espaldas de Él. Sabe muy bien que existe la posibilidad de que le rechacemos, pero si no fuéramos libres, no podríamos amar, y Él es Amor. Quien te quiere no fuerza ni tu conciencia ni la intimidad de tu alma. Era necesario que el hijo pródigo viviera todo aquello para que supiera de verdad lo bueno que era estar en la casa de su padre y aceptara su vida allí, no como una carga pesada, sino como un gozo liberador a través del que entregarse cada día.

Así sucede a veces con nuestra vocación. Por eso, para descubrir a qué estamos llamados, debemos conocer bien primero a Quien nos llama.

5.2. Dios habla en la historia

El hijo mayor de la parábola, el que mira con envidia al pequeño, vive en la misma situación que él antes de marcharse de casa. Cumple la voluntad de su padre, pero no le conoce de verdad. Su reacción de reproche nos lo muestra claramente: «Mira: en tantos años como te sirvo, sin desobedecer nunca una orden tuya, a mí nunca me has dado un cabrito para tener un banquete con mis amigos; en cambio, cuando ha venido ese hijo tuyo que se ha comido tus bienes con malas mujeres, le matas el ternero cebado»[54].

De pronto, todo es carga y queja para él. También este hijo necesita leer los acontecimientos de su historia a la luz del corazón de su padre, que le responde: «Hijo, tú estás siempre conmigo, y todo lo mío es tuyo; pero era preciso celebrar un banquete y alegrarse, porque este

---

54 Lucas 15, 29-30.

hermano tuyo estaba muerto y ha revivido; estaba perdido y lo hemos encontrado»[55].

No se trata de que este hermano mayor haga el mismo camino que el pequeño, pero tiene tal problema con la envidia que es incapaz de alegrarse de que su hermano pequeño haya vuelto a casa y se le reciba con los brazos abiertos. Por eso su padre le dice: «Hijo, tú estás siempre conmigo y todo lo mío es tuyo», para que sepa quién es y pueda comprender mejor.

Por supuesto que la parábola del hijo pródigo no nos está diciendo que haya que cometer muchas tropelías para conocer realmente a Dios, sino que Dios nos ama aun en medio de esas circunstancias que nos hacen daño y nos llevan a pecar. En todo momento, Él no deja de mostrarnos su Corazón abierto, ni de tendernos una mano para nuestra salvación, ya seamos como el hermano pequeño, ya como el hermano mayor. También este último necesitaba el abrazo y el perdón de su padre y estaba llamado a entrar en el banquete con él, pero con paz y alegría, no con rechazo y rencor.

Dios nos habla a través de los acontecimientos concretos de cada día. En las cosas buenas, como no podía ser de otro modo, pero también en la enfermedad, en el fracaso, en el miedo, en el abandono, en el desprecio...

---

55 Lucas 15, 31-32.

En todo eso que a menudo no comprendemos y que nos hace pensar que Dios se ha olvidado de nosotros, Él nos está hablando. Dios no es una idea, sino un Padre bueno que va escribiendo con nosotros la historia de nuestra vida, porque es un Dios de vivos: «¿No habéis leído lo que os dice Dios: "Yo soy el Dios de Abrahán y el Dios de Isaac y el Dios de Jacob"? No es Dios de muertos, sino de vivos»[56].

Es muy importante dejar que los acontecimientos nos hablen, que nuestra historia nos evangelice, que nuestras vivencias nos revelen el rostro del Padre. El problema es que nos cuesta mucho creerlo. Pensamos que las cosas que no nos gustan nos pasan porque tenemos mala suerte, o por casualidad, o por culpa de los demás, y no vemos que detrás de cada hecho concreto hay una Palabra de Dios para nosotros. Dios está a nuestro lado en la enfermedad, en la humillación y en la dificultad. Él nunca nos deja solos, porque nos quiere infinitamente y sabe que somos tan pequeños que sin Él no podemos hacer nada.

Nuestra historia es sagrada porque es el lugar donde Dios se nos revela, pero no podemos conocerlo en la teoría, sino en los hechos. También a través del sufrimiento, y de nuestra debilidad, ya seamos como el hermano

---

56 Mateo 22, 31-32.

pequeño, ya como el mayor, o una mezcla de ambos. Por eso no hay que huir de la propia historia, porque en ella está nuestra salvación. La tentación siempre nos sugiere lo mismo —«Si Dios te amara, no te pasaría esto»—, pero es al revés: Dios te ama y en esto que te pasa te quiere salvar.

Mirar nuestra propia historia con fe nos cambia. Entonces podemos decir: «Hágase tu voluntad», porque entendemos que nuestra historia no es nuestra enemiga, sino el lugar donde se cumple la voluntad de Dios de amarnos y salvarnos.

5.3. Mi historia iluminada

Cuando yo era niño, mi madre me dijo que iba a ir a catequesis para hacer la comunión. A mí me gustaba ir y aprender cosas de Dios, pero lo que no me gustaba era ponerme a cantar con los demás niños en el coro de la Misa de los domingos. Algunos de mis amigos eran monaguillos y les dije que yo también quería aprender. Así fue como comencé a ayudar en la iglesia de mi barrio. Aquello me gustaba mucho. Además de ir a catequesis, los monaguillos teníamos un grupo en el que nos reuníamos a leer el Evangelio y a aprender a rezar. Siempre iba con muchas ganas. Algunas cosas se me quedaron muy grabadas. Recuerdo, por ejemplo, a un seminarista, que después sería nuestro sacerdote, que nos hablaba mucho de Juan Pablo II, que era el Papa en ese momento. Nos decía que Juan Pablo II llamaba a los monaguillos los «pequeños apóstoles» porque, igual que los Doce fueron los que estuvieron más cerca de Jesús en la Última Cena —la primera Eucaristía—, los monaguillos éramos los que estábamos más cerca de Jesús en la Misa.

Todavía a día de hoy, cuando me encuentro con alguien que ha sufrido de pequeño la lacra terrible de los abusos en la Iglesia, lo que les ha dejado una herida muy profunda, siempre pienso que lo que yo viví fue justo lo contrario: la Iglesia fue para mí el mejor lugar del mundo, el más seguro, el más libre de todo mal. Esa experiencia me marcó mucho.

Más adelante, cuando llegó la adolescencia, todo ese mundo seguro que yo tenía se derrumbó. No tuve un buen ambiente en el instituto y, como en mi barrio no había ninguno, los amigos nos tuvimos que separar para ir a distintos centros. Yo siempre había sacado buenas notas y había sido responsable en el estudio, pero aquello se acabó. Mis notas comenzaron a bajar y siempre arrastraba alguna asignatura en los resultados parciales de los trimestres. Cuando estaba en casa me gustaba leer. Me refugié en la lectura y me empecé a evadir con los libros de fantasía. Lo que había de fondo en todo aquello era mucha insatisfacción y dolor. Por un lado, creía que mis padres querían más a mi hermano menor que mí;

tampoco comprendía por qué mis amigos y yo nos habíamos distanciado. Simplemente, no aceptaba mi historia. ¿Y Dios? Estaba claro que no le veía por ningún lado. ¿Cómo iba Dios a acordarse de mí, si me iba tan mal?

Mi madre me decía que en verano tenía que ir al campamento que organizaba la parroquia. Yo no quería ir. Me sentía forzado. Hacía tiempo que no era monaguillo, era muy mayor y me daba vergüenza. Cuando tenía quince años me prometió que sería la última vez. Aquel año volví del campamento con un diploma que me habían dado «al más pasota». Sin embargo, estaba contento. Había hecho amigos nuevos, había tenido monitores que me habían dado buenos consejos y había experimentado que Dios me quería. Empecé de nuevo a rezar. En la parroquia —de nuevo mi lugar seguro—, le conté mis problemas al sacerdote. Encontré en él a alguien que me escuchaba como yo necesitaba y tenía paciencia conmigo. De aquel cura aprendí mucho sobre diferentes aspectos: cómo trabajar para hacerme un hombre; cómo esforzarme para conseguir cosas buenas en la vida; cómo cultivar una buena amistad; cómo tratar bien a una chica; cómo comprender que Dios estaba siempre conmigo, y no solo cuando me iba bien...

Comencé a madurar. Yo le veía celebrar Misa, confesar y ayudar a otros. Entonces surgió en mí el deseo de hacer lo mismo. De aquello se sirvió Dios para llamarme a ser sacerdote. A mí me daba vértigo, pero la llamada estaba ahí. Yo le decía que me gustaban las chicas. «Muy bien, eso es bueno», me decía siempre. Y también me decía: «Si Dios te llama a ser sacerdote, te ayudará; y si no, te ayudará también». Así comencé un camino de discernimiento, de quitar miedos, resolver dudas y construir sobre un cimiento sólido la llamada de Dios, aprendiendo a distinguir su cuidado providente en lo que iba ocurriendo en mi vida.

Hoy veo a Dios a lo largo de toda mi historia. Él me mostró su cercanía cuando era monaguillo de pequeño. Él permitió mi sufrimiento de adolescente, mi soledad y mi rebeldía para que pudiera descubrir su amor. Él me llamó a través del ejemplo de aquel sacerdote. Si mi historia no hubiera sido así, probablemente no habría conocido a Dios y hoy no sería sacerdote. Por eso puedo reconocer ahora que mi historia está bien hecha. Todo eso era necesario, todo era parte del camino en el que Dios iba escribiendo recto en mis renglones torcidos.

Soy sacerdote desde hace trece años y puedo decir que Dios siempre me ha sido fiel, aunque yo no siempre lo he sido. Él me ha ido guiando a través de mi historia. Su mano providente no me deja nunca, su voz de consuelo llega en los momentos más difíciles. Soy un pecador que ha conocido a Jesús. Cuando me preguntan qué es lo más importante que he aprendido de Él en todos estos años, suelo responder que lo que más me admira es su fidelidad. Él siempre está conmigo. Eso me da la certeza de que si me ha traído hasta aquí no he de temer, porque Él no me va a dejar.

5.4. Discernimiento de espíritus

Dice san Pablo: «Transformaos por la renovación de la mente, para que sepáis discernir cuál es la voluntad de Dios, qué es lo bueno, lo que le agrada, lo perfecto»[57]. Discernir es un acto de la libertad madura. No se trata de adivinar lo que Dios quiere de nosotros, sino de ponernos en sintonía con su amor y desde ahí elegir. Pero para poder hacer la voluntad de Dios debemos aprender a distinguir en el corazón cuál es la voz de Dios y cuál la del demonio, para elegir la que nos conduce al final para el que hemos sido creados que es, como dice san Ignacio de Loyola, «alabar, hacer reverencia y servir a Dios nuestro Señor, y mediante esto salvar el alma». Por tanto, no se trata solamente de elegir entre lo que está bien y lo que está mal, sino, de entre todos los bienes posibles, elegir aquel que conduce más al amor y a la unión con Dios.

Discernir no es hacer una introspección freudiana obsesiva, sino cultivar una escucha confiada en el alma para

---

57 Romanos 12, 2.

113

aprender a reconocer cómo se mueve Dios. San Ignacio enseña que Dios se comunica en el alma a través de lo que él llama *espíritus*, que son los movimientos interiores. Discernir es aprender a distinguir su origen. San Ignacio habla de dos movimientos: la consolación y la desolación. La consolación es todo aquello que dilata el alma hacia Dios, como la paz, la alegría, la confianza, el deseo de servir a Dios. La desolación es lo contrario: la oscuridad interior, la turbación, la tristeza sin causa o la tibieza. Es todo aquello que aleja al alma de Dios y la encierra en sí misma. Lo que hace Dios es llevar a la consolación, mientras que el mal espíritu lleva a la desolación.

En su obra titulada *Ejercicios Espirituales*, san Ignacio propone reglas fundamentales para aprender a discernir y ver cómo el enemigo trata de confundir.

He aquí algunas:

1. Cuando estamos en tiempo de consolación hay que prepararse para cuando llegue la desolación. ¿Cómo? Fortaleciendo la fe y cultivando y promoviendo lo que favorece la vida interior, como la oración, los sacramentos o la lectura de la Palabra de Dios, y haciendo memoria de lo que Dios ha hecho, para que luego en los momentos difíciles no nos creamos el engaño de que todo eso fue mentira. El tiempo de consolación es momento de hacerse humildes y agradecer a Dios

lo recibido, recordando que todo es gracia y que Dios nos quiere.

2. Cuando estamos en tiempo de desolación hay que procurar no cambiar las decisiones que fueron tomadas en la consolación. La tentación resuena con fuerza en la desolación y confunde. No es momento de grandes decisiones, sino de perseverar y de incorporar lo vivido al discernimiento posterior. La gran tentación en tiempo de desolación es la de huir. Por eso san Ignacio recomienda rezar más y ofrecer especialmente nuestras penitencias y cruces.

Dios, que respeta profundamente nuestra libertad, no nos impone su voluntad, sino que nos muestra su amor, nos seduce y nos invita a seguirle. Al respecto, me gustaría advertir del peligro de creer que la voluntad de Dios es siempre lo más difícil y lo más duro para nosotros, porque eso es completamente falso.

Solo cuando el alma está libre de pasiones desordenadas puede ver con total claridad, y solo cuando vive en el amor de Dios puede elegir con gusto lo que más gloria da al Señor.

El Evangelio de san Marcos dice que Jesús «instituyó doce para que estuvieran con él y para enviarlos a predicar»[58]. Aquí encontramos un claro ejemplo de que cumplir la voluntad de Dios no consiste en hacer muchas cosas, sino en estar con Él y desde ahí hacer lo que Él quiera de nosotros. Y si no vivimos en su amor, hasta nuestras obras más excelentes resonarán a hueco y terminaremos desmotivados.

San Ignacio indica que el proceso de discernimiento concluye haciendo una elección con total paz. Lo que se elige se hace con la certeza interior que da el Espíritu Santo de que eso es lo mejor, porque estamos haciendo la voluntad de Dios.

Me gustaría concluir este epígrafe con la idea de que discernir es mirar la propia historia con fe y escuchar los movimientos del corazón, contrastándolos con acontecimientos concretos, para caminar con confianza junto a Dios por la senda estrecha pero segura del amor y de la entrega que conduce al cielo.

5.5. Cuando decir «hágase tu voluntad» parece imposible

Conozco un matrimonio cuyo testimonio de aceptación de la voluntad de Dios me ha ayudado mucho. Antonio y Yolanda llevan veinticinco años casados y tienen seis hijos. Se quieren y se han querido muy bien siempre.

---

58 Marcos 3, 14.

«Dicen que en el matrimonio hay crisis fuertes, pero a nosotros no nos ha pasado nunca», reconocen.

Se conocieron siendo jóvenes en su parroquia, se enamoraron, se hicieron novios y se casaron. Fue entonces cuando llegó la cruz. Antonio y Yolanda no podían tener hijos, aunque lo deseaban con todas sus fuerzas. Podemos imaginar el sufrimiento y la prueba que eso supuso. Entonces le dijeron a Dios: «Hágase tu voluntad en la tierra como en el cielo». Juntos, y con la ayuda del Señor, aceptaron la realidad de su historia, vieron que la voluntad de Dios estaba presente en ella y comprendieron que no estaban solos.

Dios ha regalado a Antonio y Yolanda seis hijos preciosos por medio de la adopción. Los dos más pequeños, con síndrome de Down. Su apertura a la vida ha crecido hasta límites insospechados y ha sido muy fecunda. Adoptar hijos no es una decisión fácil. Implica abrir el corazón a un misterio de amor que desborda la lógica humana, porque además no se trata solo de acoger a un niño, sino de acoger toda su historia y sus heridas. La adopción es el cuidado confiado que Dios delega en unos padres para que protejan a sus hijos más vulnerables. Es una gran responsabilidad y requiere preparar el hogar para que sea un reflejo de la paternidad y la bondad divinas. Asimismo, estos padres deben cuidar su alma para que florezca en ellos el amor gratuito y sin condiciones que Dios nos enseña. Adoptar es una gesto sobrenatural de generosidad, un acto profundo de fe donde los padres se convierten en colaboradores del mismo Dios, que ha adoptado a los hombres como hijos suyos.

He elegido hablar de Antonio y Yolanda para mostrar que no hay vidas perfectas de cuento de hadas. En cada vida humana hay sufrimiento y dolor. Cuando rezamos la tercera petición del padrenuestro y le decimos a Dios: «Hágase tu voluntad» estamos abrazando la realidad de nuestra historia, que no es perfecta. Puede ser duro, sí, pero es el camino. Y si en algún momento, por las circunstancias —una enfermedad, un fracaso, una pérdida irreparable— nos cuesta demasiado decir «hágase tu voluntad», no debemos angustiarnos, sino entender que todo eso forma parte de un proceso. Y confiar.

El libro de Job sirve como ejemplo de cómo aceptar la voluntad de Dios no tanto desde la teoría, donde puede sonar muy bonito, sino desde la práctica. Job es un hombre probado hasta el límite. Teniéndolo todo, lo pierde todo: hijos, bienes y salud. Hasta su mujer le dice que maldiga a Dios, pero Job responde con unas palabras memorables en la Sagrada Escritura: «El Señor me lo dio, el Señor me lo quitó; bendito sea el nombre del Señor»[59]. No son palabras que le salen mecánicamente,

---

59 Job I, 21.

118

como sin pensar: Job las pronuncia en medio de un sufrimiento muy grande. A veces Job grita desde lo profundo de su alma herida, pero aferrándose a la fe. Otras veces no entiende nada y se rebela por lo que Dios le ha quitado, pero no rompe el vínculo con Dios. Reconoce que su vida no le pertenece, que incluso lo que más ama sigue siendo un don de Dios.

Aceptar la voluntad de Dios como Job no es rendirse ante un destino sin sentido, sino permitir que el amor divino vaya curando nuestras heridas. Se trata de amar a Dios en toda circunstancia. En la aceptación, el corazón encuentra una libertad interior nueva y una paz que no depende de lo que nos ocurre, sino del convencimiento de que Dios está con nosotros y sigue modelando nuestra historia. Es un camino lento, hecho muchas veces con lágrimas, pero profundamente sanador. Detrás de cada acontecimiento que no comprendemos está la mano de Dios sosteniéndonos y renovando nuestra vida por caminos insospechados.

5.6. Las cinco piedras de Medjugorje

Mucho antes de que Jesús nos enseñara a decir en el padrenuestro el «hágase tu voluntad», la Virgen María ya había aceptado la llamada de Dios con estas palabras: «Hágase en mí según tu palabra»[60].

---

60 Lucas 1, 38.

En el pueblecito de Medjugorje, en la actual Bosnia y Herzegovina, la Virgen María se apareció bajo la advocación de Nuestra Señora de la Paz a un grupo de niños. Era 1981 y los mensajes de María llamaban a la paz y la conversión, en una zona de Europa en la que poco después estallaría la guerra de los Balcanes que fragmentaría la antigua Yugoslavia.

En los mensajes de las distintas apariciones, la Virgen habló en repetidas ocasiones a los niños de cinco cosas a las que dio especial importancia. Esas cinco cosas luego serían recopiladas por el párroco de ese momento, fray Jozo Zovko, un sacerdote franciscano que era escéptico con las apariciones al principio, pero que después no dejó de predicar acerca de los mensajes y de acoger con alegría a los cientos de peregrinos que comenzaban a llegar al pueblo (lo que le costó ser encarcelado y sufrir maltrato por el régimen comunista durante dieciocho meses). El fraile las llamó *las cinco piedras de Medjugorje*, en referencia a las cinco piedras con las que David fue a hacer frente al gigante Goliat. Sirven para ayudarnos en la lucha espiritual contra el maligno y sus obras:

1. La oración del corazón y del rosario.
2. La Eucaristía.
3. La lectura de la Biblia.
4. El ayuno.
5. La confesión frecuente.

No se trata de gestos meramente externos, sino de caminos íntimos que disponen todo nuestro ser a vivir en la plegaria que Jesús nos enseñó. Son un soplo del Espíritu Santo y pueden resultar una buena guía a la hora de hacer un buen discernimiento de espíritus. Veamos de qué modo.

1. La oración nos permite pasar del ruido al silencio. En el silencio nace el espacio donde se escucha nítidamente la voz de Dios, lo que facilita poder conocer su voluntad.

2. La Eucaristía nos une con el Señor, que se hace alimento y compañía. En ella Jesús, el Hijo que nos enseña a hacer perfectamente la voluntad de Dios Padre, se nos entrega totalmente.

3. La Palabra de Dios ilumina nuestros senderos oscuros, nos enseña a interpretar desde Dios la propia historia y nos revela cómo la voluntad de Dios conduce a la libertad.

4. El ayuno nos hace ligeros, no solo de peso físico, sino del peso del «yo». Nos recuerda nuestra pobreza y nos hace estar disponibles ante Dios.

5. La confesión nos da el perdón gratuito de Dios. Nos libera de la culpa en la que el pecado nos encierra, nos reconcilia con el Señor y nos devuelve la paz perdida.

Así, la Virgen María en sus mensajes de Medjugorje nos anima a cargar bien de piedras nuestro saco para enfrentarnos al gigante con la confianza de que saldremos victoriosos, aunque creerlo pueda parecernos totalmente irracional. Cada rosario rezado con el corazón, cada misa celebrada con fe, cada lectura confiada de la Palabra de Dios, cada confesión bien preparada y cada ayuno ofrecido son un eco llevado a nuestras circunstancias concretas del «hágase» que dijo María al ángel.

Oración

Padre Bueno,
aquí estoy ante Ti,
aprendiendo a decir «hágase tu voluntad»
sin miedo ni condiciones.

Como las aves que creaste el quinto día de la creación,
quiero desplegar mis alas hacia lo alto,
sabiendo que Tú sostienes mi vuelo.

Enséñame a escuchar tu Palabra en mi historia,
a reconocer tus trazos en los acontecimientos de mi vida
y a confiar cuando no entiendo los caminos
por los que me guías.

Quiero aprender a amar tu voluntad,
sabiendo que en ella está la verdadera libertad.

Jesús, Hijo que dijiste «sí» al Padre hasta el extremo
y viniste a buscar a todos los hijos pródigos,
que no olvide que la casa del Padre es para mí,
que también yo necesito entrar,
reconciliarme y sentarme a la mesa.

Cuando mi corazón se endurezca
y me refugie en mis propios méritos,
hazme comprender que tu voluntad no me quita nada
y que solo quien se deja amar puede cumplirla.

Espíritu Santo, guía para ir al cielo,
Tú que fecundas la creación y haces nuevas todas las cosas,
desciende sobre mí para que comprenda lo que Dios quiere.
Ven a mis miedos disfrazados de prudencia,
a mis dudas que se hacen excusas,
a mis planes que ocultan resistencia a la voluntad del Padre.

Guía mi vocación y enséñame a distinguir tu voz
para que encamine bien mis pasos,
aunque no siempre sepa adónde me llevan.

María, Madre y maestra del sí,
Tú que acogiste la voluntad del Padre

con la serenidad de quien se sabe amada,
enséñame a responder como Tú.

Haz que mi vida se convierta
en un espacio donde Dios pueda obrar,
aunque no comprenda el modo ni el tiempo.

Tómame de la mano, Reina y Madre mía,
y condúceme al lugar donde la voluntad del Padre
se hace carne y descanso, obediencia y alegría.

Tú, que eres la Reina de la paz,
pon en mi alma las cinco piedras
con las que defenderme de los enemigos.
No permitas que jamás me separe de Jesús
y enséñame a hacer siempre su voluntad.

Amén.

CAPÍTULO 6

VENGA A NOSOTROS TU REINO

6.1. El reino del hijo pródigo

Pedir y aceptar la voluntad de Dios tiene una consecuencia inmediata: ponernos en marcha para extender a nuestro alrededor aquello mismo que hemos recibido, haciendo que el reino de Dios venga allí donde nos encontramos. Con nuestra oración y nuestro trabajo podemos ser cauces que porten la gracia de Dios en auxilio de la naturaleza humana, caída por el pecado original.

El cristiano es el que, sabiéndose herido como consecuencia del pecado original, trata de vivir, con la ayuda de la gracia de Dios, que sana nuestras heridas y limpia nuestro vestido de la mancha de los pecados, como vivían Adán y Eva antes del pecado original.

Vivimos pidiendo y trayendo aquí el reino de Dios, que san Pablo explica de la siguiente manera: «Porque el reino de Dios no es comida y bebida, sino justicia, paz y alegría en el Espíritu Santo»[61]. Por su parte, el profeta Isaías, cuando anuncia el nacimiento del Mesías, dice que nacerá «para dilatar el principado, con una paz sin límites, sobre el trono de David y sobre su reino. Para sostenerlo y consolidarlo con la justicia y el derecho, desde ahora y por siempre»[62].

El reino de Dios lo ha traído ahora Jesús y es para siempre, en una vida que no termina para el cristiano que dice «sí» al Padre. El mismo Jesús lo confirma: «El reino de Dios no viene aparatosamente, ni dirán: "Está aquí" o "Está allí", porque, mirad, el reino de Dios está en medio de vosotros»[63]. El reino de Dios está allí donde hay un corazón en el que Jesús reina, allí donde dos o más están reunidos en su nombre.

La vida del cristiano que cumple la voluntad de Dios hace presente el reino de Dios en la tierra y es un recuerdo permanente para sus hermanos de que también ellos están llamados a recorrer el camino de la salvación. El reino de Jesús es el reino del Padre, donde Él es Rey. No es un reino temporal aquí, ni un reino político que se construye mediante la lucha, tal como esperaban muchos hebreos de la época que se sintieron decepcionados y no creyeron que Jesús fuese el verdadero

---

61 Romanos 14, 17.
62 Isaías 9, 6.
63 Lucas 17, 20-21.

Mesías. Pilato le preguntó precisamente acerca de eso y Jesús le respondió: «Mi reino no es de este mundo. Si mi reino fuera de este mundo, mi guardia habría luchado para que no cayera en manos de los judíos. Pero mi reino no es de aquí»[64]. Empieza aquí, está ya aquí, pero no *es* de aquí.

Recordemos que primero va el *ser* y luego el *hacer*. Aplicándolo a la parábola del hijo pródigo, vemos que el perdón le restauró el ser (ser hijo y no esclavo, ser amado, etc.) y después ya podía hacer la voluntad de su padre de buen grado. No me cabe duda de que eso provocaría, tal como sucede hoy, distintas reacciones. Las personas de corazón sencillo y humilde se maravillarían de la transformación del hijo pequeño. Aquellos que hubieran vivido una experiencia similar se reconocerían y se alegrarían mucho por él, y otros que no la hubieran vivido desearían un recibimiento así por parte de sus respectivos padres. En cambio, las personas de corazón soberbio le mirarían con sospecha, con envidia y con rencor, tal como le pasa al hijo mayor: «¿Quién se cree este que es?, ¿va a venir ahora dando lecciones?, ¿qué clase de padre tengo que permite esto?».

Al hacer la voluntad de Dios, nosotros estamos llamados a hacer presente el reino, pero como seguimos

---

64 Juan 18, 36.

teniendo concupiscencia y siendo débiles y pecadores, para vivir coherentemente hemos de hacernos muy humildes y pedir insistentemente a Dios: «Venga a nosotros tu reino».

6.2. Sal y luz

Por medio de los sacramentos, los cristianos podemos recibir la gracia necesaria para vivir en un mundo alejado de Dios, y así ser memorial del Señor para todos los que nos rodean. Ser cristiano es anunciar con la propia vida el «se ha cumplido el tiempo y está cerca el reino de Dios. Convertíos y creed en el Evangelio»[65].

Para explicar cómo funciona la presencia del cristiano en medio del mundo, Jesús pone dos ejemplos:

> Sal: «Vosotros sois la sal de la tierra. Pero si la sal se vuelve sosa, ¿con qué la salarán? No sirve más que para tirarla fuera y que la pise la gente»[66]. Imaginemos una olla en la que metemos agua, alubias, morcilla, chorizo, tocino, hueso de jamón y cebolla. Lo ponemos a hervir, ¿y qué tenemos? Se te estará haciendo la boca agua pensando en una buena fabada asturiana, pero, ¿no le falta nada? ¿Y la sal? Sin ella, el guiso no sabe igual. La sal potencia el

65 Marcos 1, 15.
66 Mateo 5, 13.

sabor de los alimentos. De todos los ingredientes que hemos echado, además del agua que se absorbe y evapora, el único que no se ve es la sal, pero si probamos el guiso enseguida nos daremos cuenta de si tiene o le falta. La sal enriquece el sabor y sirve también para conservar mejor los alimentos; de hecho, es uno de los conservantes naturales más importantes de la historia. Se ha usado desde hace miles de años para preservar carnes, pescados, quesos y vegetales. Además la sal, mezclada con agua en las proporciones adecuadas, es el desinfectante más antiguo del mundo.

Quizá ahora se entienda mejor por qué Jesús dice que los cristianos estamos en el mundo para ser sal. Así como la sal está presente en los guisos para mejorar y potenciar su sabor, así el cristiano está llamado a hacer presente el reino de Dios aquí. Igual que la sal conserva los alimentos, así el cristiano conserva la Tradición que ha recibido de Cristo y la Iglesia y la transmite a las siguientes generaciones. Así como la sal sirve para limpiar las heridas, así el cristiano está en medio del mundo no para condenar a los que sufren, sino para ayudarles a sanar las heridas desde la Palabra de Dios.

¿Pero qué ocurre cuando la sal se vuelve sosa? Que no vale para nada. Lo mismo sucede con el cristiano que no vive su fe: se diluye en medio del mundo.

Luz: «Vosotros sois la luz del mundo. No se puede ocultar una ciudad puesta en lo alto de un monte»[67]. Imaginemos por un momento que nos quedamos encerrados en un laberinto a oscuras. Sabemos que hay una salida, pero los pasillos son una maraña. Además, empieza a hacer frío. Uno de los del grupo tiene un mapa que indica cómo salir, pero en la oscuridad no se ve. También tiene un palo de madera, una tela, un poco de parafina y un mechero. Si hace con ello una buena antorcha estaríamos salvados; poniéndonos cerca de él, tendríamos luz, algo de calor y podríamos buscar la salida consultando el mapa. En cambio ¡qué absurdo sería si decidiera quedarse en la oscuridad, calentándose mínimamente con la llama de su mechero, en lugar de hacer la antorcha para ayudar a todos a salir! Eso es lo que quiere decir Jesús cuando exhorta a los cristianos a ser luz del mundo. El cristiano está llamado a ser luz que muestre el camino del cielo a otros, y que alumbre los sufrimientos y dificulta-

---

67 Mateo 5, 14.

des de los demás desde su propia experiencia de la cercanía de Cristo en toda situación. Y del mismo modo que la luz brota de una fuente de energía que también da calor, el cristiano es semejante a una hoguera a la que pueden acercarse los que tienen frío en el alma.

Pero es importante conocer bien el mapa y no inventarnos nosotros los caminos. El mapa es el Evangelio y es el mismo Jesús quien nos ha enseñado que hay un camino y una salida. Él es quien lo ha recorrido primero y quien nos acompaña en ese caminar: «Yo soy el camino y la verdad y la vida. Nadie va al Padre sino por mí»[68].

6.3. El reino de Dios en medio del desierto

Hace unos años, un sacerdote puso en un grupo de WhatsApp un mensaje que decía que un misionero que trabajaba en Etiopía, el padre Christopher Harley, estaba buscando a un cura que fuera a sustituirle durante un par de semanas en las que él tenía que ausentarse de la misión. A mí me palpitó el corazón y en mi mente me repetía a mí mismo que me encantaría ir. Le pregunté al sacerdote que había puesto el mensaje si era seguro ir. Enseguida me contestó: «Sí, yo he estado, no pasa

---

68 Juan 14, 6.

nada. A cien kilómetros hay una guerra, pero es como si a ti, que eres de Madrid, te dicen que en Toledo hay guerra. No vas y ya está. También hay guerrilleros que escapan de allí para refugiarse en la ciudad, pero si les atrapan les matan y ponen sus cadáveres en la plaza del pueblo para que la gente vea que no deben sumarse a la guerrilla. Tú no salgas de noche y ya está», me explicó.

La verdad es que yo tenía muchas ganas de ir, pero estábamos a mitad de curso y eso suponía dejar a mi párroco con todas las obligaciones de la parroquia, que no eran pocas precisamente. Con nula esperanza pensé: «Bueno, le voy a preguntar. Si le parece bien, me voy. Y si no, me olvido». Su respuesta fue inmediata: «Tú estás loco. Anda, vete y ten cuidado».

Así es como acabé en un avión de hélices volando por los cielos africanos rumbo a Gode, una ciudad en el sur de Etiopía, en medio del desierto y cerca de la frontera con Somalia, donde se encontraban las guerrillas. Gode tiene cerca de un millón de habitantes. El 99% de la población es somalí. Hay una gran escasez de agua y hace mucho calor durante todo el año. La religión mayoritaria es la musulmana y hay un pequeño porcentaje de cristianos ortodoxos etíopes. La pobreza es extrema a nivel material, físico y espiritual. Los niños trabajan en el campo desde pequeños y prácticamente todos han sufrido algún tipo de abuso físico o sexual. Muchos de ellos tienen los dientes amarillos de mascar una droga narcótica a la que se hacen adictos de por vida. Hay muchas mujeres que ejercen la prostitución, muchas de ellas desde niñas. El virus del sida tiene una prevalencia muy elevada.

Y en medio de todo aquello, la Iglesia católica se hacía presente gracias a la labor del padre Harley, de una monja y de dos chicas españolas voluntarias. Tenían una casa para salvar a mujeres rescatadas de la prostitución y a sus hijos. Cada día las recogían en un jeep para llevarlas a la casa, donde recibían clases y trabajaban haciendo bolsos que después vendían. Mientras tanto, los niños recibían cuidado y educación de las voluntarias. Además de ellos, había en toda la ciudad ocho católicos de lo más variopinto: una mujer de mediana edad venida de la otra punta del país, un joven soldado nigeriano, un hombre mayor que también había venido de otra ciudad...

¿Cuál era mi misión allí? Celebrar la Eucaristía. Hacer presente a Jesús en medio de aquel lugar tan castigado por el mal y la miseria, para que fuera adorado por aquellos católicos y ellos pudieran alimentar su alma. Allí, con apenas un poco de sal y una pequeña luz, encontré el reino de Dios. El padre Harley me lo encomendó: «Lo único, y lo más importante, que tienes que hacer es celebrar la Eucaristía y dar la bendición con el Santísimo».

Celebré misa cada mañana con la hermana y las dos voluntarias. Los domingos venían los otros ocho católicos y formábamos nuestro pequeño cenáculo. También ayudé en todo lo que pude. Me dejaban conducir el jeep para recoger a las mujeres y eso me encantaba, pero sabía que todo aquello lo podían hacer sin mí. Nunca me había dado cuenta de lo importante que era que yo hiciese lo único que puede hacer un sacerdote y que así, siendo fiel a mi vocación, el reino de Dios pudiera llegar hasta allí.

Cada uno tenemos que ser lo que somos y vivir conforme a ello. Así es como se extiende el reino de Dios. Hay gente aquí en España que, después de ver imágenes duras de algún país africano en las noticias o en las redes sociales, me ha preguntado dónde estaba Dios. Yo, desde que estuve con aquellos misioneros en Etiopía, siempre respondo lo mismo: «Dios está allí a través de unos pocos católicos. Se hace presente a través de las manos de ese sacerdote, es adorado en la oración diaria de esa hermana, es cuidado por las dos voluntarias en esos niños pobres, es recordado y su nombre pronunciado a través de la vida de esos ocho católicos». La pregunta no es dónde está Dios en medio del mal, sino qué haces tú para que el reino de Dios se haga presente aun en medio de ese mal.

6.4. Que se nos note

La petición del padrenuestro «venga a nosotros tu reino» nos invita a reconocer que el reino de Dios es una esperanza futura y, al mismo tiempo, una realidad presente que estamos llamados a cuidar y expandir en nuestra vida diaria. Y es bueno que esto se vea y se note.

En los años setenta, hubo una corriente respaldada por muchas personas dentro de la Iglesia que defendían que el cristianismo tenía que diluirse y mezclarse tanto con el mundo que su presencia en la vida pública y en la cultura debía ser imperceptible. Se decía que, para no chocar con la modernidad, había que mimetizarse con ella y romper con todo lo anterior. Así, las costumbres, las tradiciones, las formas de oración, la liturgia y los símbolos fueron modificados en muchos lugares y quien no se plegaba a ello era mirado con sospecha y presentado como un cristiano farisaico. Esta idea de diluirse se ve incluso en el tipo de construcción de las iglesias de esa época: hay muchas parroquias que cuesta reconocerlas porque no se distinguen de cualquier otro edificio del barrio. Y claro, eso a quien busca una iglesia no le ayuda... El paso de las décadas ha demostrado el grave error que supuso tomar esa línea.

El intento de diluir la fe no llevó a más y mejores frutos, sino todo lo contrario: la secularización y la descristianización de la cultura avanzaron mucho más deprisa. Para muchos, Dios acabó desvaneciéndose. Sin querer responsabilizarse de su error, quienes difundieron esas ideas, en lugar de hacer autocrítica, hoy le echan la culpa a los tiempos en los que vivimos, «que son muy difíciles». Muchos católicos perdieron su identidad y dejaron de trasmitir la fe a sus hijos, creyendo que eso era lo que había que hacer. Sin embargo, cuando se renuncia a la fuerza transformadora de la fe, y cuando la oración, los sacramentos y la transmisión de la doctrina cristiana se dejan en segundo plano, el reino de Dios deja de ser percibido por propios y extraños, y los cristianos pierden la conciencia de que Dios actúa en medio de la historia. No es que el mundo moderno dejara de necesitar a Dios, sino que los cristianos mismos justificaron que tenían que dejar de ser portadores visibles de su reino y eso creó un enorme vacío que ninguna modernidad podía llenar.

Jesús dice en el Evangelio que «nadie que pone la mano en el arado y mira hacia atrás vale para el reino de Dios»[69]. El reino de Dios lo que necesita son valientes, no fantasmas. Necesita corazones que ardan, voces que den testimonio de que Cristo está vivo, manos que derrochen amor. La fe, la esperanza y la caridad no son

---

69 Lucas 9, 62.

para estar escondidas en un rincón, sino para ser mostradas como luz para los demás. Cuando a Dios se le hace invisible, su reino queda en silencio y otros se quedan sin conocerlo. «¿Qué van a decir?, ¿qué van a pensar?», se preguntan muchos, y callan por miedo. ¡Que digan y piensen lo que les dé la gana!, habría que responderles. ¡Si precisamente vivimos en un mundo en el que cada uno vive y piensa lo que quiere! Entonces, ¿vamos a andar nosotros preocupados del qué dirán los demás?

Quien se apoya en Cristo y vive y proclama el Evangelio no tiene nada que temer, y nada que ocultar. Ser visiblemente cristiano no es vanidad, es obediencia a la Palabra de Dios y a este mandato de Jesús: «Id, pues, y haced discípulos a todos los pueblos, bautizándolos en el nombre del Padre y del Hijo y del Espíritu Santo; enseñándoles a guardar todo lo que os he mandado»[70].

Cuando la Iglesia se conforma con la discreción y la irrelevancia cultural desaparece como testigo de Jesucristo en el mundo. El reino de Dios no avanza por la invisibilidad, sino por la valentía de quienes lo abrazan, lo viven y lo proclaman, aun siendo cuestionados por el mundo moderno.

No es que Cristo merezca la pena, es que merece la vida. Así es como se pueden construir comunidades

---

70 Mateo 28, 19-20.

vivas, así es como el reino de Dios se puede hacer presente en cada corazón; y de ahí, en cada familia; y de ahí, en toda la sociedad. En la evangelización, el cristiano pone todas sus fuerzas, sabiendo que en realidad todo depende de Dios, que nunca le deja solo. Así lo prometió Cristo justo después de enviar a sus discípulos: «Sabed que yo estoy con vosotros todos los días, hasta el final de los tiempos»[71]. A mí personalmente saber eso me da mucha paz.

6.5. Testimonio

Los últimos papas han insistido muchas veces en la importancia del testimonio, ya que este suscita conversiones a la fe y vocaciones a seguir el camino de Dios con radicalidad. Por eso es tan importante que pongamos palabras a lo que Dios va haciendo en nuestra historia y que nuestros actos estén en todo momento en consonancia con esas palabras. Está claro que la fecundidad depende de Dios, pero Dios también se sirve del testimonio personal y comunitario de quienes ya le han conocido y seguido.

Ya en el Antiguo Testamento, los profetas daban testimonio para apoyar la predicación de la Palabra de Dios, en medio de dificultades y humillaciones. Por ejemplo, Jeremías dice: «La palabra del Señor me ha servido de

---

71 Mateo 28, 20.

oprobio y desprecio a diario. Pensé en olvidarme del asunto y dije: "No lo recordaré; no volveré a hablar en su nombre"; pero había en mis entrañas como fuego, algo ardiente encerrado en mis huesos. Yo intentaba sofocarlo, y no podía»[72].

En el Nuevo Testamento, esta línea testimonial continúa con el último de los profetas, Juan el Bautista, quien, sin miedo, señalará a Jesús como el Mesías: «Yo lo he visto y he dado testimonio de que este es el Hijo de Dios»[73].

No es casualidad que muchos de estos profetas terminaran derramando su sangre por dar testimonio de Dios. Los Padres de la Iglesia recogen la tradición de que el profeta Jeremías fue martirizado en Egipto, apedreado por su propio pueblo, por ser fiel a la Palabra de Dios. Y sabemos que san Juan Bautista fue decapitado por orden del rey Herodes Antipas, según cuentan los Evangelios. Estos mártires de la Palabra de Dios prefiguran lo que le sucederá a Jesús, la Palabra de Dios hecha carne: «Yo para esto he nacido y para esto he venido al mundo: para dar testimonio de la verdad. Todo el que es de la verdad escucha mi voz»[74].

---

72 Jeremías 20, 8-9.
73 Juan 1, 34.
74 Juan 18,37.

Cristo murió y resucitó. Antes de su ascensión muchos le vieron y dieron su vida por contarlo. Desde entonces, el testimonio de vida de los cristianos ha hecho que el cristianismo se propague en todo tiempo y lugar. Cientos de miles de hombres y mujeres han dado su sangre como testimonio de su fe en Jesús.

El testimonio es irrebatible, porque muestra los hechos concretos de la vida de una persona y la forma en la que la mano de Dios se deja ver en ella. No hay testimonios mejores o peores, pero a la hora de dar testimonio es importante cuidar algunos aspectos:

1. *Que el testimonio sea verdadero.* No hay que inventar ni exagerar nada para que parezca más espectacular. Es importante mostrar tanto la debilidad propia como la gracia de Dios.

2. *Que se haga con humildad.* No se trata de que la gente diga lo buenos que somos, sino que miren lo bueno que es Dios. Así los oyentes podrán comprender con esperanza que con ellos Dios también está escribiendo una historia.

3. *Que no se hable desde teorías vacías y que no dicen nada al que escucha, sino desde la experiencia personal.* La cercanía toca los corazones.

4. *Que sea natural, claro y comprensible.* Jesús hablaba con ejemplos sencillos en sus parábolas. Así debemos hacerlo nosotros también.

5. *El testimonio no es para imponer la fe a otros.* El testimonio se propone desde la verdad y el amor para suscitar la fe en el oyente.

6. *Que se apoye en la coherencia de vida.* Es necesario que quien da testimonio viva también lo que anuncia.

7. *Que se rece antes y después de dar testimonio,* por uno mismo y por las personas que escuchan. Dar testimonio es sembrar y rezar después es regar.

8. *Se trata de transmitir alegría serena y esperanza cierta,* una forma muy poderosa de evangelización.

6.6. María, Madre avivadora del reino de Dios

Pentecostés es el momento del Evangelio en que los apóstoles reciben la ayuda del Espíritu Santo para su misión de colaborar con la venida del reino de Dios a cada persona, hasta los confines de la tierra. Están todos reunidos, y con ellos está María. Pentecostés no empieza con el fuego, sino con la espera alrededor de la Virgen. Cuando por fin descienden sobre ellos las lenguas de fuego del Espíritu Santo, los apóstoles salen a proclamar a Cristo por las calles y María permanece orando.

María es el Corazón orante de ese reino de Dios que se extiende por la tierra de la mano de los apóstoles desde aquel día. Ellos comienzan a mirar hacia afuera, sostenidos por María, que mira hacia adentro. Dios instauró su reino en el Corazón de María cuando «el Verbo se hizo carne»[75]. En Ella sigue ardiendo sin consumirse el fuego del Espíritu Santo que impulsa a la Iglesia a salir a la evangelización del mundo. El reino de Dios se expande por medio de los corazones encendidos.

Uno de los que, junto con María, recibió aquel día la efusión del fuego del Espíritu Santo fue Santiago el Mayor, apodado como «el hijo del trueno» por Jesús. La tradición recoge que a Santiago le correspondió la evangelización de la parte más occidental del mundo conocido entonces y así fue como llegó a la provincia romana de Hispania, en la península Ibérica, hacia el año 40 después de Cristo, acompañado por un pequeño grupo de discípulos. La predicación no fue fácil y, estando en Caesaraugusta (actual Zaragoza), desanimado junto al río Ebro, se le apareció la Virgen María en carne mortal sobre un pilar de jaspe, acompañada de un séquito de ángeles, para consolarlo y animarlo en su

---

75 Juan 1, 14.

misión. La tradición cuenta que le dijo: «Hijo mío Santiago, el Altísimo te envía con su poder para que fundes aquí una iglesia en mi nombre. En este lugar se erigirá un templo donde se alabe a Jesucristo, mi Hijo. Este pilar permanecerá aquí hasta el fin de los tiempos, y en él obrará mi Hijo grandes prodigios por mi intercesión. En este sitio brillará la fe, y será casa de oración para todos los pueblos».

Esta fue la primera aparición mariana de la historia del cristianismo y la única que se produjo antes de la asunción de María a los cielos. Fue una aparición para impulsar la extensión del reino de Dios, tal y como había pedido el Señor: «Id, pues, y haced discípulos a todos los pueblos, bautizándolos en el nombre del Padre y del Hijo y del Espíritu Santo»[76], y para cuyo cumplimiento los apóstoles habían recibido el Espíritu Santo en Pentecostés.

La profecía se ha cumplido y el pilar sigue allí, en el interior de la basílica del Pilar, que fue construida en el lugar de la aparición. En 1936, durante el alzamiento militar que dio lugar a la Guerra Civil española, un avión republicano lanzó cuatro bombas, dos de ellas sobre la basílica, pero ninguna de ellas llegó a explotar. Hoy pueden verse en su interior.

---

76 Mateo 28, 19.

En España, en esta primera aparición de la historia, María nos enseña que Ella aviva el fuego evangelizador de Dios en los corazones en los que el desánimo lo ha dejado reducido a ascuas. Ella, que permaneció orante cuando descendió el Espíritu Santo, se nos presenta como un Pilar firme y precioso. El jaspe, el material del que está hecha la columna, aparece al final de la Escritura como el brillo de la gloria divina que desprende la nueva Jerusalén: «Me mostró la ciudad santa de Jerusalén que descendía del cielo, de parte de Dios, y tenía la gloria de Dios; su resplandor era semejante a una piedra muy preciosa, como piedra de jaspe cristalino»[77]. El jaspe es también una piedra muy dura y resistente, símbolo de la fe que se fragua y acrisola en las dificultades.

En la aparición en el Pilar, la Virgen María nos muestra que el brillo de la gloria de Dios que ha venido a traer Jesucristo a la tierra y que ha mandado propagar a través de su reino ya se está haciendo visible en el mundo. El signo de esta gloria de Dios en ese pilar es un anticipo de la victoria definitiva de Cristo al final de los tiempos. Por eso nosotros, como Santiago, y a pesar de que a veces nos asalte el desánimo, podemos tener esperanza. Desde Pentecostés y hasta hoy mismo, la Virgen María, firme Pilar de la vida cristiana, nos lo recuerda. El reino

---

77 Apocalipsis 21, 10-11.

de Dios no ha terminado de venir porque aún hay corazones donde puede nacer. Mira a María y acógete a Ella para extenderlo.

Oración

Padre Bueno,
aquí estoy, contento de la nueva vida que me has regalado,
como el primer hombre y la primera mujer,
a quienes modelaste en el sexto día.

Te pido que mi corazón arda por que llegue tu reino
y que mi vida sea sal y luz para ayudar en su expansión.

Tú, que con tu soplo creador dijiste:
«Hagamos al hombre a nuestra imagen y semejanza»,
haz que ese soplo, que es vida en Cristo,
encienda la llama que borra la oscuridad,
y que mis pasos marquen caminos hacia tu reino.

Jesús, mi Salvador,
Tú que bajaste del cielo y caminaste entre los hombres,
haz que mi fe sea fuerte y resuene como el trueno,
y que mi palabra sea fuego que ilumine
y haga arder los corazones.

Tú que humillas a los poderosos y enalteces a los humildes,
grita mi nombre, rompe mis miedos,
haz que mi vida se note, que mi fe se vea,
que dé testimonio valiente de tu reino.

Espíritu Santo, fuego de Pentecostés,
haz que cada una de mis palabras y gestos refleje tu presencia.

Que la semilla de tu reino germine donde hay desánimo,
que mis obras sean un espejo de tu amor,
y que mi valentía sea la chispa que avive a otros.

Concédeme vivir cada día con la certeza
de que el reino no es un futuro distante,
sino un fuego que arde aquí y ahora,
una tormenta de amor que transforma lo pequeño en grande.
Que nunca me falte el valor de proclamar tu gloria.

María, Pilar que sostiene mi fe,
jaspe precioso que refleja la gloria de Dios,
acógeme bajo tu manto cuando la misión me pese.

Tú que permaneciste firme junto a la cruz,
enséñame a resistir la tentación del miedo,
a sostener a los débiles, a levantar a los caídos
y a ser testigo visible de tu Hijo en medio del mundo.

Tú que eres la llama orante del día de Pentecostés,
sé para mí refugio, faro y guía,
donde mi alma se fortalezca y mi vida dé fruto.

Te pido, Madre Santa,
que el reino de Dios se manifieste
en cada paso que doy.

Amén.

CAPÍTULO 7

SANTIFICADO SEA TU NOMBRE

7.1. Alabado sea el Padre

Nuestro camino de vuelta al Padre termina con la primera de las peticiones del padrenuestro: «Santificado sea tu nombre»[78]. De Jesús, que nos dijo que en el reino de los cielos «los últimos serán primeros, y los primeros, últimos»[79], aprendemos en este camino que los que estábamos en el barro podemos entrar a vivir para siempre en la gloria junto al Padre.

Después de haber recibido el fuego del Espíritu Santo el día de Pentecostés, los primeros cristianos «perseveraban en la enseñanza de los apóstoles, en la comunión, en la fracción del pan y en las oraciones»[80]. Este orden es el habitual en la Iglesia, fundada en la verdad de la fe que transmitieron los apóstoles: estamos en comunión, lo

---

78 Mateo 8, 6.
79 Mateo 20, 16.
80 Hechos de los Apóstoles 2, 42.

que nos hace miembros de un mismo Cuerpo, hermanos e hijos del mismo Padre por el bautismo; compartimos la celebración de la Eucaristía, que nos da fuerzas para ser fieles en el seguimiento de Dios; y perseveramos en la oración, que nos permite adentrarnos en el misterio de Dios, y conocerle y conocernos desde Él.

La oración es el diálogo vivo y personal del creyente con Dios por el que el corazón se abre para escuchar la voz divina. No se trata solo de recitar palabras, sino de entrar en relación con el Padre por medio del Hijo en el Espíritu Santo. Orar es elevar el alma al Señor. Es un encuentro de amor donde nos reconocemos criaturas necesitadas ante Dios, que se nos ha revelado como Padre Bueno.

Hay distintos tipos de oración, según el modo de nuestra plegaria:

1. De *bendición*, como respuesta a Dios por los dones recibidos;

2. De *adoración*, para exaltar su grandeza;

3. De *petición de gracias,* para solicitar su ayuda en nuestras necesidades;

4. De *petición de perdón*, para pedir su justificación;

5. De *intercesión,* para rogar y ofrecerse por los demás;

6. De *acción de gracias* por todo lo recibido de su mano providente;

7. De *alabanza*, que es la más perfecta de las formas de oración.

Alabar es cantar a Dios por Él mismo. Es darle gloria, no por las cosas que hace en nuestra vida o por lo que nos da, sino por ser Quien es. Alabar es decirle a Dios: «Qué bueno que Tú existas». Alabar es amar a Dios desde la fe, con un corazón puro, y darle gloria en la esperanza de encontrarnos y estar con Él para siempre, cuando podamos decirle: «Te conocía solo de oídas, pero ahora te han visto mis ojos»[81].

En todas las otras formas de oración se puede hacer también alabanza al final, para recogerlo todo y llevarlo a Dios. Así alaba san Francisco de Asís: «Tú eres el Santo Señor Dios único, el que hace maravillas. Tú eres el fuerte, Tú eres el grande, Tú eres el Altísimo, Tú eres el Rey omnipotente; Tú Padre santo, Rey del cielo y de la tierra. Tú eres el trino y uno, Señor Dios de los dioses; Tú eres el Bien, el todo Bien, el sumo Bien, Señor Dios vivo y verdadero».

Vivir sencillamente, hacernos humildes y vivir en la alabanza es el fin de nuestro caminar cristiano. Ahí es donde se ve si la persona tiene una fe madura y adulta.

---

81 Job 42, 5.

Esto es, ni más ni menos, lo que le sucede al hijo pródigo. Cuando vivía con su padre no le quería de verdad, aunque si le hubieran preguntado habría dicho que sí; pero tan solo le importaban sus bienes. Tras conocer el mal y la tentación, volver y ser perdonado, entrar en el banquete, vivir su vocación de hijo y proclamar el amor que su padre le tiene, es cuando el hijo pródigo aprende a amar de verdad a su padre. Su vida se convierte en una respuesta de alabanza. Es cierto que nunca podrá corresponder a tanto amor, pero no tiene ese peso como una losa en la conciencia, sino que, aceptando su debilidad, vive ahora amando y alabando, agradecido cada día por lo bueno y malo en esta nueva vida que su padre le ha restaurado. Todo lo que ha ocurrido en su historia era necesario. Su historia está bien hecha. Su padre ha enderezado sus renglones torcidos.

7.2. Nuestra existencia es una alabanza

Decir «santificado sea tu nombre» es pronunciar una de las expresiones más hondas de toda la Sagrada Escritura. No se trata de pedir que el nombre de Dios sea un día santo —ya lo es—, sino reconocerlo como tal y pedir que todo el mundo también lo reconozca y viva en la alabanza. Es proclamarlo para que su gloria no quede oculta por nuestra tibieza, que su luz no quede oculta bajo el celemín de nuestras hipocresías. Santificar el nombre de Dios es decir que queremos que Dios sea Dios en nuestra vida, es vivir de modo que ese nombre sea creíble, es pedir que nuestras obras no contradigan lo que rezan nuestros labios, porque: «No todo el que me dice "Señor, Señor" entrará en el reino de los cielos, sino el que hace la voluntad de mi Padre que está en los cielos»[82].

El nombre revela quiénes somos. Cada nombre tiene un significado y cuenta una historia. Asociamos el nombre de una persona a vivencias que nos han afectado, para bien o para mal. Moisés, estando de pastoreo en el desierto, vio una zarza que estaba ardiendo. Pasado un rato se dio cuenta de que era algo prodigioso, porque aquella zarza ardía pero no se consumía, y se acercó. Entonces Dios le habló para darle una misión, y cuando Moisés le preguntó su nombre, se lo reveló: «*Yahveh*, "Yo soy el que soy"; esto dirás a los hijos de Israel: "Yo soy" me envía a vosotros»[83]. Así comienza la revelación del nombre de Dios, un nombre que no hay que tomar en vano, según advertiría después el Señor a Moisés en el encuentro en el monte Sinaí. La revelación plena del nombre de Dios tendrá lugar siglos después, tras un camino que era necesario que el pueblo recorriera.

---

82 Mateo 7, 21.
83 Éxodo 3, 14.

En el original bíblico hebreo no existen las vocales. Por eso, en este pasaje el nombre de Dios se escribe con cuatro consonantes: יהוה (YHWH), lo que los estudiosos llaman el *Tetragrámaton*. Por respeto al nombre, el pueblo judío no lo pronunciaba. En su lugar, llamaban a Dios *Adonai* («el Señor») o *HaShem* («el Nombre»). Hoy desconocemos cuál era la pronunciación original del *Tetragrámaton*, porque no se conocen las voces exactas que acompañaban a las consonantes. Hay algunos rabinos y maestros místicos judíos que afirman que las cuatros consonantes YHWH coinciden con el sonido de la respiración profunda y continua de una persona. Respirar sería, pues, pronunciar YHWH, de manera que nuestra vida se convierta en una continua alabanza en la que estamos glorificando a Dios solo por el hecho de estar vivos. Según esta visión, que a mí me parece muy hermosa, lo primero que hacemos al nacer y respirar por primera vez, y lo último que hacemos al morir, es pronunciar el nombre de Dios, y así alabarle y darle gloria. Por eso, no solo aprendemos a amar a Dios por ser Quien es ni por lo que nos da, sino que también descubrimos que Su gloria es que nosotros existamos. También el Señor nos quiere decir a ti y a mí: «Qué bueno que tú existas».

Esta interpretación la podemos conectar con el segundo relato de la creación del hombre en el libro del Génesis: «Entonces el Señor Dios modeló al hombre del polvo del suelo e insufló en su nariz aliento de vida; y el hombre se convirtió en ser vivo»[84]. La palabra aliento que se utiliza en esta historia es *ruah*, un término que también se usa para decir «espíritu». Así, el nombre de Dios es el sonido mismo del Espíritu de Dios que da la vida. Esta idea de que cada respiración humana es una oración encaja con lo que enseñó san Pablo en su Carta a los Romanos: «Habéis recibido un Espíritu de hijos de adopción, en el que clamamos: "¡*Abba*, Padre!"»[85]. Por el aliento de Dios cobró vida Adán para estar en relación con su Creador; también ahora, por el aliento del nuevo Adán, Cristo, podemos participar de la vida divina con el Padre, que nos ha hecho hijos adoptivos. Toda nuestra existencia depende de Dios. Cuando el cristiano ama, perdona, sirve, ¡y hasta cuando respira!, el nombre de Dios se hace audible en la tierra. Toda nuestra existencia es una alabanza continua a Dios.

7.3. Toda rodilla se doble

La revelación plena del nombre de Dios se da en Jesús. Su nombre significa literalmente «Dios salva», como le reveló el ángel a María: «Le pondrás por nombre Jesús, porque él salvará a su pueblo de sus pecados»[86].

---

84 Génesis 2, 7.
85 Romanos 8, 15.
86 Mateo 1, 21.

En el Evangelio, Jesús se presenta como Dios cada vez que utiliza la expresión «Yo soy» referida a Él mismo. Jesús es Dios. Si lo ponemos en paralelo con la explicación que venimos desarrollando de la parábola del hijo pródigo, Jesús es el Camino que recorrió de vuelta a casa; es la Verdad que vio cuando reconoció todo lo malo que había hecho; la Vida que recordó mientras vivía en la perdición; la Puerta que cruzó abrazado a su padre para entrar en casa; el Buen Pastor que le fue animando y guiando en su camino frente a las tentaciones; la Luz del mundo que le iluminó y le dio esperanza cuando vivía con los cerdos; el Pan de Vida que le alimentó en el banquete; la Vid verdadera en la que se enraizó para aprender a amar de verdad a su padre.

Jesús dice en el Evangelio: «Quien me ha visto a mí ha visto al Padre»[87]. Él es Dios. Si nosotros queremos vivir a imagen y semejanza de Dios, tal como Él nos ha creado, tenemos que parecernos a Jesús. Él lo es todo, «bajo el cielo no se ha dado a los hombres otro nombre por el que debamos salvarnos»[88]. Arrodillarse ante Él es reconocerle como el único Dios y pronunciar su nombre es alabarle por encima de todo. Por eso, san Pablo afirma: «Dios lo exaltó sobre todo y le concedió el Nombre-sobre-todo-nombre; de modo que al nombre de Jesús toda

---

87 Juan 14, 9.
88 Hechos de los Apóstoles 4, 12.

rodilla se doble en el cielo, en la tierra, en el abismo, y toda lengua proclame: "Jesucristo es Señor, para gloria de Dios Padre"»[89].

En los días de misión en la ciudad de Manila de los que hablaba en un capítulo anterior pasaron muchas cosas que guardo en el corazón, como las visitas que hacíamos por las tardes a una parroquia de una zona muy precaria. En la iglesia, un grupo de hermanos habían puesto a funcionar un comedor y cada día acudían más de cien niños. El ambiente era muy alegre. Al acabar de comer, los niños iban a la iglesia y allí teníamos oración con ellos y un rato de catequesis. Aquello me conmovía mucho. Era impresionante ver cómo se ponían de rodillas y se quedaban en silencio adorando, y luego escuchaban con toda su atención cuando les hablábamos de Jesús. Yo pensaba que la verdadera catequesis nos la estaban dando ellos a nosotros...

Ciertamente, de los que son como niños es el reino de Dios. Cuando se anuncia a Jesucristo, el poder de Dios empieza a actuar y a tocar los corazones, tanto de quienes lo reciben como de quienes lo anuncian. El anuncio del kerigma tiene mucha fuerza en sí mismo. El kerigma es el mensaje central de la fe cristiana: que Jesucristo murió por nosotros y por nuestros pecados, que resucitó

---

89 Filipenses 2, 9-11.

de la muerte y que vive hoy ofreciendo la salvación y la vida nueva a cada uno de nosotros. Hablar de Jesucristo muerto y resucitado, ponerse delante de Él y alabarle lleva en sí una potencia transformadora de la vida, «porque la palabra de Dios es viva y eficaz, más tajante que espada de doble filo»[90].

Cuando se proclama el nombre de Jesús, y cuando se pone a alguien delante de la Eucaristía, suceden cosas. Dios actúa en la persona que escucha sin prejuicios y se pone ante Él con una actitud humilde y sincera. Transmitir el kerigma no es dar una idea, sino comunicar un acontecimiento histórico gracias al que podemos salvarnos, porque tú puedes ser muy bueno, pero si Jesucristo no hubiera muerto y resucitado, lo que nos esperaría al final de la vida sería tan solo la muerte. El poder del kerigma no viene del mensajero que lo anuncia, sino de Dios, que se sirve de la persona que lo proclama.

Anunciar a Jesús es un primer paso para que un corazón que vive en el barro comience el camino hasta llegar a la alabanza del Padre, para que un día también esa persona pueda anunciar el kerigma a otros. Y así hasta que Jesús vuelva. A cada generación la salva Dios a través de un puñado de pobres valientes que tienen el coraje de ser santos.

---

90 Hebreos 4, 12.

7.4. Pórtico de la gloria

Hay un momento en el libro del Apocalipsis en el que san Juan contempla el cielo abierto y ve un trono, y en torno al trono una gran liturgia, como una Eucaristía celestial. Hay cuatro seres vivientes que rodean al que está sentado en el trono y que día y noche no dejan de santificar su nombre, diciendo: «Santo, Santo, Santo es el Señor Dios, el todopoderoso; el que era y es y ha de venir»[91]. Llamar a Dios «Santo» tres veces es proclamar que Él es el Santísimo, pues repetir tres veces algo en la simbología bíblica indica perfección y es hablar en superlativo. Nosotros, cada vez que celebramos la Eucaristía repetimos ese llamar a Dios tres veces Santo. Es la palabra más pura que la creación puede pronunciar ante el misterio de Dios. Llamar a Dios Santo es reconocer que Él es Amor sin corrupción, Luz sin ocaso, Vida sin muerte.

Esa gran liturgia celeste que vio san Juan ha quedado recogida en el arte. Son muy hermosas las representaciones de la gloria del cielo que encontramos pintadas en cúpulas, o esculpidas o talladas en retablos y pórticos en iglesias, basílicas y catedrales por todo el mundo. Una de ellas es la del Pórtico de la Gloria, de la Catedral de Santiago de Compostela, en España. Se trata de un

---

91 Apocalipsis 4, 8.

159

conjunto escultórico situado en la fachada occidental de la catedral y constituido por tres grandes arcos de medio punto. En el del centro aparece Cristo glorioso y triunfante, rodeado por los ángeles, los apóstoles y los ancianos del Apocalipsis y por una multitud de bienaventurados que se han salvado. Como todo el arte cristiano, este pórtico de la Gloria es una gran catequesis que enseña a quien lo atraviesa que está pasando simbólicamente del mundo terrenal al reino celestial, que está entrando en el lugar de la gloria, de la presencia de Dios, del Santísimo. En la catedral se celebra la Misa, cuya liturgia es un anticipo de lo que será el cielo. Con esta catequesis se expresa el anhelo último del corazón humano: acceder a la gloria de Dios, para la que fuimos creados a su imagen y semejanza.

A lo largo de mi vida he realizado el Camino de Santiago muchas veces. Siempre es muy especial llegar a la Plaza del Obradoiro y ver alzarse, imponentes, las dos torres de la catedral. Y después acercarse a ella y contemplar el Pórtico de la Gloria. Cada peregrinación es distinta y responde a un momento vital diferente. Sin embargo, en todas hay momentos de andar con agilidad y otros de mucha fatiga; momentos agradables de brisa y otros molestos de lluvia; momentos de achicharrarse por el sol; de ir en llano, de ir cuesta arriba o cuesta abajo; momentos de ir solo y de ir acompañado; momentos de ayudar y de dejarse ayudar; momentos de pedir a Dios, de darle gracias y de alabarle. «Todo tiene su momento, y cada cosa su tiempo bajo el cielo»[92], dice el Eclesiastés. Peregrinar a Santiago es como la vida misma, en la que pasamos por distintas etapas y hay momentos de todo tipo, mejores y peores. Lo importante al peregrinar es tener claro adónde vamos para no rendirnos, sabiendo que el camino termina en un destino.

En la vida sucede igual: saber que nos encaminamos a la gloria de Dios nos da la seguridad de que podemos seguir adelante sin miedo y con firmeza, aunque los momentos que estemos atravesando no sean favorables. Dios, que ha hecho el camino, le da sentido a todo nuestro caminar.

Los peregrinos que entran a la catedral —algunos viniendo desde muy lejos, habiendo caminado cientos de kilómetros durante días y semanas— pueden encontrar reflejada en el Pórtico de la Gloria la esperanza de un Dios que nos aguarda al final de nuestro caminar, tras las fatigas y las dificultades de la vida.

Nos espera el cielo para siempre junto al Padre que santificamos y nos santifica. Por eso «los sufrimientos de ahora no se pueden comparar con la gloria que un día se nos manifestará»[93]. Un día llegaremos ante Cristo,

---

92 Eclesiastés 3, 1.
93 Romanos 8, 18.

que nos ha dicho que Él es la puerta. Allí terminarán el mal, la fatiga y las tentaciones, y comenzará la alabanza eterna, santificando el nombre de Dios. Entonces Jesús nos dará un abrazo y le podremos decir lo mucho que hemos sufrido por Él, y yo creo que Él, con cara llena de cariño, responderá: «¡Y lo que he sufrido yo por ti! Anda, pasa, vamos al banquete, que tenemos mucho que contarnos».

7.5. En tu nombre santo

«En tu nombre santo, Padre, hazme un sacerdote santo». Escribí estas palabras el 27 de septiembre de 2012 durante unos ejercicios espirituales de preparación para la ordenación presbiteral que tendría lugar justo quince días después, el 12 de octubre, fiesta de la Virgen del Pilar.

Recientemente he estado releyendo algunos escritos personales, apuntes de retiros y ejercicios espirituales, y reconozco que encontrar este escrito me emocionó. No pedía éxito ni reconocimiento, solo santidad; no pedía ser muy fuerte, sino la gracia de Dios para sostenerme. Han pasado los años y no soy santo, pero me alegra comprobar que ese deseo y esa súplica siguen resonando en mí como aquel día. Ahora descubro que esa santidad que pedía no era una meta que tenía que conquistar por mis propias fuerzas, sino un nombre que nunca tengo que dejar de alabar y pronunciar: el nombre de Dios. Aquella petición juvenil, que debí escribir con mucho temblor y con el fuego de la llamada en el corazón, fue algo muy verdadero. Pienso ahora que decirle al Padre «santificado sea tu nombre» es también pedirle que nos santifique a cada uno, grabando su nombre de una manera cada vez más honda en nuestra alma.

Aquel día comprendí un poco lo que ahora intuyo mejor: que Dios es fiel y da la gracia necesaria para seguir adelante aun en las dificultades. Con su ayuda se puede ser santo e ir al cielo. Él me ha ido llevando y educando a través de los acontecimientos con mucha paciencia y firmeza. Con el tiempo veo que pedir ser santo es dejar que el nombre de Dios brille en la vida de cada uno para que otros lo vean. La santidad no consiste en hacer cosas extraordinarias, sino en dejar que Dios sea reconocido, amado y creído a través de una vida ordinaria gastada y desgastada por amor. Esa petición que escribí entonces es la misma que me sale decir hoy, supongo que con una conciencia más madura: que el nombre del Padre sea santificado y que me santifique a través de mis fragilidades. Con el paso de los años comprendo mejor que la santidad no suprime la debilidad, sino que la transfigura, y que no elimina la cruz, sino que la habita, dándole sentido.

En la vida sacerdotal, esta primera petición del padrenuestro se vuelve carne. Cuando un cura celebra la

Eucaristía, absuelve los pecados, escucha a quien sufre, o enseña y transmite la fe con la predicación, está llamado a santificar el nombre de Dios. Ser sacerdote es prestar la voz y las manos a Dios, dar la vida para que el nombre de Dios pueda ser reconocido y santificado por todo el mundo.

Tú también puedes llevar esto a tu vida. Dice san Pablo, consciente de la debilidad humana: «Llevamos este tesoro en vasijas de barro, para que se vea que una fuerza tan extraordinaria es de Dios y no proviene de nosotros»[94]. En esta petición del padrenuestro anhelamos que Dios brille en nuestra alma y nos dé fuerzas para nuestro combate espiritual y nuestra misión. Los curas no somos unos profesionales de lo sagrado ni unos funcionarios de los sacramentos, sino pobres hombres llamados por Dios para una tarea que sobrepasa nuestras capacidades. El sacerdocio es un camino hermoso de santificación propia y de la de otros para llegar al cielo.

Comprendo hoy que Dios santifica su nombre en nosotros, no solo cuando hacemos el bien, sino especialmente cuando nos dejamos amar en nuestra pobreza y debilidad. En nuestras heridas abiertas su nombre se revela como santo y santificador, como Padre que no abandona a sus hijos. Después de mirar atrás y leer

---

94   2 Corintios 4, 7.

aquella oración que formulé antes de ser sacerdote, veo que continúo en ese camino de querer ser santo y le pido a Dios seguir siendo santificado para transparentarle a Él. Y ser, hasta el último aliento de mi vida, instrumento suyo para llevar a otros su Palabra y su consuelo, su verdad y su amor.

Hoy me sale del fondo del corazón la necesidad de darle gracias con aquellas palabras de María en el *Magníficat*: «Proclama mi alma la grandeza del Señor, se alegra mi espíritu en Dios, mi Salvador»[95].

7.6. María, Madre santificadora

La Virgen María es la criatura en la que el nombre de Dios encontró su reflejo más puro y brillante. Ella es la Inmaculada Concepción. Desde el primer instante, su vida fue un acto de alabanza a la santidad del Padre. Con la aceptación de la voluntad de Dios, con su «sí», hizo de su existencia un «santificado sea tu nombre» viviente. Su confianza y obediencia a Dios son su más perfecta alabanza.

Al ver a la Inmaculada, recuerda que Dios quiere hacer contigo como con Ella, para que seas una perfecta imagen y semejanza de Él. La diferencia es que nosotros estamos en camino y tenemos que recibir la gracia del

---

95 Lucas 1, 46-47.

perdón una y otra vez, mientras que en María esa preservación inmaculada ocurre en el primer instante de su vida, en la concepción.

El Magníficat, que cada día recita la Iglesia en la oración de vísperas, es el gran himno bíblico de glorificación al Padre. María proclama que Dios ha mirado la humildad de su esclava, que ha dispersado a los soberbios de corazón y derribado del trono a los poderosos, que ha colmado de bienes a los hambrientos y despedido vacíos a los ricos[96]. María nos muestra al Dios tres veces Santo. Cada frase del Magníficat hace visible el rostro de Dios, lo que dice María en esta oración se cumple perfectamente en Jesucristo.

En otro capítulo hemos hecho referencia a la aparición de la Virgen en Zaragoza (España). Ahora me gustaría que volviéramos la mirada hacia las apariciones de Guadalupe, en México, donde el 9 diciembre de 1531, un joven chichimeca llamado Juan Diego iba caminando hacia Tlatelolco, en el cerro del Tepeyac. De repente se le aparece una Señora que brilla con una luz radiante. La mujer, con palabras tiernas y cercanas, en el idioma *náhuatl* que habla Juan Diego, se le presenta como «la perfecta siempre Virgen Santa María, Madre del Dios verdadero», y le pide que hable con el obispo para que

---

96   cf. Lucas 2, 46-55.

construyan una iglesia en el lugar de la aparición. Juan Diego no duda y va a ver al obispo, pero este no le cree y le pide una prueba objetiva como confirmación de la veracidad de la aparición.

La Virgen se le aparecerá de nuevo varias veces. El día 12 de diciembre, en la cuarta aparición, Nuestra Señora le indica que suba al cerro del Tepeyac y recoja unas flores que encontrará (entre ellas unas rosas de Castilla, que no eran propias de la estación). Él obedece, las coloca en su tilma (una capa de fibras vegetales) y se las lleva a la Virgen, quien le encarga presentárselas al obispo. Una vez ante él, Juan Diego abre la tilma y deja caer las flores. Entonces, las personas congregadas allí ven que en el tejido ha quedado impresa la imagen de la Virgen María, tal y como Juan Diego la había descrito. Este milagro hace creer al obispo, quien ordena comenzar la construcción de la que será la basílica de Nuestra Señora de Guadalupe. Hoy en día es un gran santuario mariano de peregrinación, al que cada año acuden millones de personas a encomendarse a María. Allí se conserva la tilma impresa de Juan Diego, sin desgastarse. Cada peregrino que llega al santuario se encuentra con una lección palpable del poder y la gloria de Dios.

Y así es también como nosotros, a través de María, la Corredentora, podemos colaborar en la obra de salvación del Padre. Al pronunciar la primera petición del padrenuestro podemos acordarnos de Nuestra Señora de Guadalupe, que con su cercanía hizo que el nombre de Dios fuese alabado y glorificado entre los sencillos. «No me niegues la alegría de pedírselo al obispo, dile que quiero un templo aquí», le pidió la Virgen María a Juan Diego. Y él, que era muy humilde, hizo lo que se le pedía.

Cuando nos hacemos humildes, dejamos vía libre para que se produzca la santificación del nombre de Dios. Cuando permitimos que la voluntad de Dios se haga en nuestra vida, y cuando dejamos que Él resplandezca en cada gesto y en cada palabra, estamos transparentando a Dios.

Como Madre santificadora, María nos invita a unir nuestra voz a la suya para proclamar que el nombre de Dios es Santo. Ella nos llama a ofrecer nuestra vida para que su gloria se haga presente en el mundo.

Oración

Padre Santo, estoy aquí, en tu presencia,
consciente de mi debilidad de vasija de barro,
santificando tu nombre y pidiéndote mi santificación.

Tú que en el séptimo día contemplaste tu obra y descansaste,
hazme descansar, no en mis logros ni en mis planes,

sino en la alabanza de tu Nombre,
que es Santo, eterno y glorioso.

Que mi amor a Ti no dependa de lo que recibo,
sino de Quién eres Tú,
y que mi corazón doble la rodilla solo ante Ti,
contemplando la bondad de tu amor infinito.

Jesús, Hijo amado,
Tú que quisiste ser humilde y caminar entre nosotros,
ilumina mi vida con tu luz poderosa.

Hazme humilde
para que pueda reconocer tu presencia a cada paso,
perseverar en mi vocación y avanzar en santidad,
cargando con mi cruz y siendo cercano a las de los demás.

Tú, el Buen Pastor que busca a sus ovejas,
recógeme en tus brazos
y llévame a hombros hasta el cielo contigo,
tal como me has prometido.

Espíritu Santo, que tu fuego transforme mi fe,
mis decisiones y mis acciones,
para que cada obra mía glorifique el nombre de Dios.

Enséñame a caminar con paciencia y alegría,
confiando en la casa preparada y en el banquete eterno,
para que todo lo que haga sea un acto de adoración
y de amor verdadero a Dios.

María, Madre santificadora,
Tú que te mostraste a san Juan Diego en Guadalupe
y acercaste el cielo a la tierra,
enséñame a escuchar la voz de tu Hijo
y a obedecerle sin temor.

Que tu ejemplo de fe y humildad
me enseñe a santificar mi vida cada día,
a permanecer firme ante la adversidad
y a doblar la rodilla solo ante Dios.

Sé mi guía y mi refugio,
la lámpara que ilumine mi camino
y la Madre que acoja mi fragilidad.
Que en tu regazo encuentre descanso y esperanza,
mientras sigo caminando hacia la gloria eterna.

Amén.

EPÍLOGO

San José

No tenemos recogida ni una sola palabra de san José en los Evangelios, pero en su vida podemos ver su respuesta silenciosa a Dios, dedicado por entero a amar y cuidar a María y a Jesús. La vida de san José es una peregrinación hasta el hogar del Padre: desde Nazaret hasta Belén, desde Belén a Egipto, desde Egipto de nuevo a Nazaret, desde Nazaret peregrinando muchas veces con su familia a Jerusalén para las fiestas judías... Y desde su familia, al cielo. La casa de José no era un lugar sino una presencia, la de Jesús, anticipo de la vida eterna.

Por eso me gustaría concluir este libro desarrollando las siete peticiones del padrenuestro en relación a san José, modelo de hombre justo y fiel:

1. **«Líbranos del mal»: San José es el guardián de la vida.** A él se le confió la vida del Niño Jesús y la Virgen María. Mientras Herodes buscaba matar al Niño, José llevó a cabo su misión de custodiar y

proteger, convirtiéndose en la muralla de la Sagrada Familia contra el mal. De él aprendemos que el mal se vence a fuerza de bien, abrazando la misión que Dios nos confía, sin miedo. Quien se deja guiar por la voz de Dios, aun en sueños, no cae en la trampa del maligno.

2. **«No nos dejes caer en la tentación»: San José es el centinela vigilante en la noche.** Su tentación más grande fue la duda cuando no comprendió el misterio que envolvía a María. Quiso repudiarla en secreto, pero siguió la voz de Dios y eligió creer. José resistió en silencio a la tentación y nos enseña que esta se vence con humildad y una determinación firme. José se mantuvo fiel en la noche, confiando en la voz del ángel, esperando de nuevo el amanecer.

3. **«Perdona nuestras ofensas»: San José es el hombre de la misericordia.** Conoció el desconcierto, la confusión y el dolor por lo que no se entiende, pero no dejó que el rencor anidara en su corazón. Quiso abandonar a María en secreto para no exponerla, sin juzgarla antes de conocer la verdad. Su misericordia precedió a la comprensión. Así nos enseña que perdonar no siempre es entender, sino confiar en Dios y seguir adelante.

4. «Danos hoy nuestro pan de cada día»: San José es el trabajador providente. Se ganó el pan con el sudor de su frente. Su taller de Nazaret se convirtió en una escuela donde Jesús aprendió a ser hombre. José trabajaba por el pan de cada día, teniendo a su lado al que es el Pan de la vida eterna. Trabajó entregándose y confiando en la providencia para que nada le faltara a su familia.

5. «Hágase tu voluntad»: San José es el obediente silencioso. José obedecía al ángel cada vez que este le hablaba. Cuando su mujer acababa de dar a luz, se levantó y se puso en camino a Egipto para salvar al Niño, sabiendo que Dios quiere lo mejor para nosotros, aunque sea incómodo. La voluntad de Dios no siempre se entiende al principio, pero siempre conduce al bien. La verdadera libertad es la obediencia a la voluntad de Dios.

6. «Venga a nosotros tu reino»: San José es el custodio del reino de Dios. Después del «sí» de María, José es el primero que acoge al Rey de Reyes, oculto bajo la fragilidad de un Niño. Su casa de Nazaret fue el primer palacio que tuvo este Rey, y los brazos de José, su primer trono. Su cuidado a Jesús y la firmeza de su enseñanza fueron los cimientos del reino de

Dios que había llegado al mundo. José nos enseña que ese reino se edifica en lo oculto, en lo sencillo y en lo constante.

7. «Santificado sea tu nombre»: San José es santuario de Dios. Toda su vida fue una alabanza callada. En la casa de la Sagrada Familia de Nazaret el nombre de Dios era alabado y santificado en cada oración, en cada acto de fe, en cada gesto de amor. En aquella casa lo sagrado habitaba en medio de lo común. José santificó el nombre de Dios no solo en el templo, sino en su propio hogar.

Cuando llegues al banquete eterno, intenta sentarte al lado de san José. Estoy seguro de que te contará muchas de las cosas que hizo junto a Jesús.